Ich möchte dich begleiten

Texte von Abschied und Hoffnung

Herausgegeben von Lis Bickel und
Daniela Tausch-Flammer

Herder
Freiburg · Basel · Wien

Alle Rechte vorbehalten – Printed in Germany
© Verlag Herder Freiburg im Breisgau 1999
Herstellung: Freiburger Graphische Betriebe 1999
ISBN 3-451-26777-2

Inhaltsverzeichnis

Wir wissen ja so wenig über die Grenzen
menschlicher Mitteilung,
läg es am Wort,
wie aussichtslos getrennt wären
wir einer vom anderen ...

Rainer Maria Rilke, Briefe, 2. Band

Wir möchten dieses Buch
all denen widmen,
an deren Weg des Sterbens wir
teilnehmen durften,
und all denen,
die bereit sind, sich begleitend
auf Sterben und Tod einzulassen.

„Und dann war eine wunderbare Stille ..."

Worte zur Einleitung und Hinführung

Wer es einmal erfahren und erleben durfte, daß er einem schwerkranken oder sterbenden Menschen vorlas, wird das Besondere dieser Situation sicherlich nie mehr ganz vergessen. Es ist ja so, daß den sterbenden Menschen immer weniger das interessiert, von dem wir, die wir dem Leben so fraglos hingegeben sind, meinen, daß es von großer Wichtigkeit wäre. Da wird oftmals die Tageszeitung nicht mehr gelesen, der Unterhaltungsroman bleibt ungelesen, weil die Kraft gar nicht mehr reicht. Ja, alle ‚kurzweilige' Unterhaltung wird immer mehr abgelehnt oder einfach nicht mehr aufgenommen. In solchen Zeiten verändert sich für den Betreffenden die Bedeutung des gesprochenen Wortes. Viele Menschen werden ‚einsilbiger', aber oft erleben wir dann auch, daß das, was noch mitgeteilt wird, von viel tieferer Bedeutung ist, als es das früher war.

Aber auch wir selber erleben eine Veränderung unseres Wortgebrauches und Sprachempfindens. Wir werden bewußter in unserer Wahl, wir spüren, daß jedes nicht ganz wahre oder nicht ganz aufrichtige Wort mit einem Male schwerer wiegt. Wir versagen uns vielleicht eine abfällige Bemerkung, wir vermeiden Banalitäten, wir beschränken uns in der Länge unseres Sprechens. Wir fragen uns: Was soll gesprochen werden, was soll ich ansprechen, was ist es wert, daß wir darüber sprechen? Oft erleben wir uns in dieser Suche als befangen und unsicher, wissen nicht, wie wir beginnen sollen oder haben Mühe, tatsächlich von Wesentlichem zu reden. Manchmal spüren wir: Ach, es wäre vielleicht gut und lösend, von diesem oder jenem Thema zu

7

sprechen, aber wie soll ich es anfangen, wie finde ich die Brücke aus dem Alltagsgeschehen hin zu bedeutungsvolleren Themen.

Und auch der sterbende Mensch tut sich vielleicht schwer. Da sind vielleicht tiefe und wesentliche Fragen, aber wie kann ich nach dem fragen? Werde ich überhaupt verständlich davon sprechen können? Wird mein Gegenüber mich verstehen können?

Da breitet sich manchmal ein unbeholfenes Schweigen zwischen den Menschen aus, die eigentlich so gerne im Gespräch zueinander fänden: ‚Dann verabschiede ich mich lieber bald, damit ich dieser peinlichen Situation aus dem Wege gehe, oder ich erzähle einfach munter drauf los ...' In solchen Situationen kann das vorgelesene Wort eine wunderbare Brücke zwischen Menschen sein.

Vielleicht begleiten Sie gerade einen schwerkranken Menschen, und sie haben das Gefühl, daß Gespräche für ihn sehr anstrengend sind, und sie möchten ihm gerne etwas vorlesen. Oder der andere hat direkt zu Ihnen gesagt: ‚Du, lies mir doch bitte etwas vor – nichts Kompliziertes, sondern etwas, was mir gut tut, was meine Seele berührt und wärmt. Früher hat mir nämlich immer meine Mutter vorgelesen, wenn ich krank war oder auch zum Einschlafen.'

Damals waren es Geschichten, die uns in den Schlaf hinüberbegleiteten. Und so möchten auch die folgenden Texte ‚hinübertragen', ‚hinüberbegleiten' in eine andere Welt. Wo vorher das Herz noch ganz verschlossen war, voller Lasten und Ängste, kann sich durch die Texte vielleicht für Momente ein Schleier heben, und es kann etwas von Wahrheit und von Weisheit in unsere Welt hineinstrahlen. Unsere Welt scheint dann vielleicht nicht mehr ganz so dunkel. Manchen können die Texte möglicherweise in eine jenseitige Welt hinübertragen, können den Hörenden empfänglicher für diesen Weg werden lassen und ihm Hoffnung machen.

Vielleicht haben aber auch Sie selbst die Mitteilung bekommen, daß Sie schwer erkrankt sind, fühlen sich in Not und in einer inneren Bedrängnis. Sie suchen nach etwas,

was sie im Inneren anspricht, in Ihnen einen neuen Raum öffnet oder zumindest die innere Enge etwas weitet. Um ‚ganze' Bücher zu lesen, fühlen sie sich nicht aufnahmefähig, oder sie sind zu erschöpft.

Wir haben Geschichten, Texte und einige Gedichte herausgesucht, von denen wir meinen, daß sie Themen ansprechen, die dem Erkrankten, aber auch dem Begleiter auf seinem Weg begegnen und sie beschäftigen. In der langen Zeit der Erkrankung, des Schwächerwerdens, blickt der Erkrankte oftmals auf sein Leben zurück: Wie war mein Leben? Was war wichtig? Was hat meinem Leben Sinn gegeben? Er zieht gleichsam Bilanz, um Abschied nehmen zu können: das Abschiednehmen von der Natur, von der Liebe, von Menschen, vom Haus; da ist so vieles, von dem er langsam schmerzlich Abschied nimmt. Die wehen Gefühle des Abschiednehmens verbinden sich immer mehr mit dem Loslassen: ‚Ja, ich weiß, daß ich nie wieder eine große Reise machen werde. Anfangs war es für mich nicht auszuhalten. Ich konnte es nicht ertragen, wenn andere mir von ihren Reisen erzählten. Aber jetzt ist es anders. Es ist nicht mehr so schmerzlich, und ich kann jetzt durch die Erzählungen der anderen mitreisen. Ich muß nicht mehr selber alles erleben.' Der Schmerz wandelt sich in Ruhe und Gelassenheit. Es begegnen uns aber auch die inneren Abgründe der Angst, die uns zu verschlingen scheinen, die Dunkelheit, die uns gefangen nimmt, und die unendlich große Einsamkeit: ‚Ich muß diesen Weg alleine gehen.'

Mit dem Herzen hören …
Vom Vorlesen, Hören und Schweigen

Wenn wir uns darauf einstellen und vorbereiten, einem schwerkranken oder sterbenden Menschen etwas vorzulesen, können wir uns mit bestimmten Vorbedingungen und Haltungen vertraut machen. Der Sterbende befindet sich in

9

einer ganz besonderen Lebenssituation, die ihn einerseits besonders empfänglich macht, aber andererseits ist er oft durch Schmerzen, Schlaflosigkeit, Medikamente, Angst oder andere Begleiterscheinungen in seiner Befindlichkeit belastet oder gemindert. Es gilt also, die ganz besondere Situation, in der sich dieser Mensch befindet, zu bedenken.

Die **Zeitdauer**, in der er etwas aufnehmen kann, ist oft nur sehr kurz. Vielleicht sind es einmal nur fünf Minuten, und an einem anderen Tag kann es vielleicht eine halbe Stunde sein. Insgesamt ist die Zeit aber eher kürzer als bei einem gesunden Menschen. Der Sterbende nimmt möglicherweise sehr intensiv auf und hat viel zu bedenken und zu verarbeiten.

Oft gilt es, die **rechte Stunde, den rechten Zeitpunkt zu wählen**, in der er aufnahmefähig und bereit ist, einem bestimmten Text und den damit verbundenen Inhalten zu folgen. Manchmal wünscht er es sich vielleicht sehr und kann es dann im Moment kräftemäßig doch nicht.

Wenn wir jemanden eine Geschichte vorlesen wollen, ist es wichtig, daß wir uns Gedanken darum machen, welches **Thema** ihn zu Zeit bedrängt oder beschäftigt und versuchen, uns in ihn hereinzuspüren, welche der Texte wohl sein Inneres erreichen können. Es geht dabei nicht darum, dem Erkrankten den Text wie eine Lehrmeinung vorzuhalten, sondern der inneren Weisheit und Wirkkraft der Geschichte zu vertrauen. Wir müssen unser eigenes Meinen und Für-gut-Halten zurückstellen.

Wenn der infrage kommende Text uns selber **bekannt und vertraut** ist, ist es leichter für uns, ihn vorzulesen. Was wir selber **empfindend** verstanden haben, können wir leichter lesen, und der Inhalt kann viel unmittelbarer zu dem Hörenden kommen und ihn berühren. Der **Klang unserer Stimme,** Rhythmus und Reim können eine heilende, ordnende und tröstende Wirkung auf den Zuhörenden haben.

Es ist für uns und den Zuhörenden sicherlich hilfreich,

wenn wir **nicht zu schnell,** gut verstehbar, **mit unseren eigenen Gefühlen verbunden** lesen und beim Lesen auch unsere eigene Stimme hören. Eine kleine Hilfe kann es sein, wenn wir immer wieder einmal **innehalten.**

Wir erleben dann vielleicht, daß in der **Stille einer Pause** ganz viel an Innerem geschieht, der andere sehr von eigenen Gefühlen oder Gedanken bewegt ist oder daß der Zuhörende beginnt, seine eigenen Gedanken zu dem Text auszusprechen. Ganz wichtig ist, daß wir nach dem Lesen nicht gleich aufstehen oder – vielleicht auch, weil uns die Stille peinlich ist – zu einem anderen Thema überwechseln. Gerade aus diesem Raum des Nachsinnens heraus kann sich ganz vorsichtig ein Gespräch entfalten. Da sagt der Erkrankte dann: ‚Ja, bei mir ist das genauso‘ – Oder: ‚Vielleicht hätte ich die ganzen Therapien doch nicht machen sollen‘ – ‚Ja, jetzt löst sich etwas von meiner Schwere. Jetzt kann ich darüber reden‘ … Oder er ist zu Gedanken oder Fragen angeregt. Wir müssen uns hier sehr sensibel bemühen, die jeweiligen Signale wahrzunehmen. Auch Groll und Ärger dürfen sich ausdrücken und können sehr befreiend wirken.

Oftmals können sich dann sehr tiefe und ehrliche Gespräche miteinander ergeben, weil die Geschichten eine ganz neue Ebene in uns eröffnet haben. Da hat sich dann vielleicht die feste Hand der Strenge und der immerwährenden Tapferkeit gelöst, und die Zweifel des Herzens drängen in die Sprache hinaus oder drücken sich in Tränen aus. Das kann uns manchmal eine ganz neue Verbundenheit erschließen.

Manchmal möchte der Erkrankte aber auch nicht darüber reden. Auch hier ist es wichtig, daß wir dann nicht nachbohren, vielleicht hören wollen, daß wir genau die richtige Geschichte ausgesucht hätten, sondern die Worte so stehen lassen. Manchmal war es vielleicht nicht die richtige Geschichte zu diesem Zeitpunkt, und sie braucht ihre Zeit des inneren Wirkens. Da sagt der andere vielleicht nach Wochen zu uns: ‚Weißt du, die Geschichte, die du damals vorgelesen hast, damals konnte ich nichts damit anfangen, aber ich glaube, heute verstehe ich sie. Ob du sie mir nochmals vorlesen kannst?'

Die Geschichten und Texte können kaum merklich am Reifungsprozeß mitwirken, weil sie in eine Tiefe hineinwirken, die jenseits unseres Verstandes liegt. Dadurch können wir den anderen in seiner Not erreichen, in das Dunkle hineinwirken und uns dem Unvertrauten annähern. Die spirituelle Dimension vieler Texte kann eine ganz neue oder andere Sichtweise und eine tiefgehende Klärung mit sich bringen.

Wir, die beiden Herausgeberinnen, haben das Gefühl, mit den Texten wie vor einem großen Schatz zu stehen. Wir danken den Dichtern und Schriftstellern, denen es möglich war, ihr eigenes Erleben und Empfinden in Worte zu fassen, die die Seele heilsam berühren können. Es war für uns eine sehr schöne Erfahrung, uns gegenseitig die Texte vorzulesen. Wir haben erfahren, wieviel Nähe und Seinsqualität entstehen kann, wenn wir uns etwas vorlesen. Es war ein tiefes und schönes Erleben, wenn wir fühlten, daß uns die Worte zur gleichen Zeit berührten. Durch den Klang der Stimme spürten wir viel von der inneren Bewegung, und dieses Bewegtsein ließ ein vertrauensvolles Sprechen miteinander entstehen. Es entstand ein sehr stilles Verbundensein. Wir haben die heilsame Qualität der Geschichten erfahren, denn sie verändern etwas in uns, ohne daß wir uns anstrengen müssen.

Auch wir werden das Buch immer wieder zur Hand nehmen und uns durch die Texte zu bestimmten Zeiten begleiten lassen. So haben wir sie auch für uns selber zusammengetragen, um in den schweren Zeiten unseres Lebens Trost und Begleitung zu erfahren. Ein schöner Gedanke wäre es, daß einige von ihnen auch uns eines Tages in unserer Zeit des Sterbens begleiten werden.

Stuttgart, im Januar 1999　　　　　　　　　　Lis Bickel
Daniela Tausch-Flammer

„Ja, das war ich."

Vom Rückblicken auf das Leben

In Zeiten, in denen wir zur Ruhe kommen, in denen die Fülle des Geschehens verebbt, erleben wir oft, daß sich unser Geist sammelt. Wir halten Rückschau und ziehen Bilanz. Viele Fragen tauchen auf: Wie war mein Leben? Was war mir wichtig? Welche Menschen haben mein Leben geprägt? Szenen, Begegnungen, Menschen, Reisen und Erlebnisse, Gefühle und Bindungen, Glück und Leid werden nun deutlicher erkennbar. Beinahe schon vergessene Erinnerungen der Kindheit tauchen vielleicht wieder auf. Manchmal gelingt es uns auch, Geschehnisse und Erlebnisse in einem neuen und anderen Licht zu sehen. Da treten zum Beispiel Menschen in den Vordergrund, die uns nun wesentlich und wichtig erscheinen, deren Einmaligkeit und Einzigartigkeit erst jetzt ganz erfahrbar für uns wird, und von denen wir uns beschenkt fühlen. Oder wir können Geschehnisse, die damals sehr schmerzlich für uns waren, in einem ganz anderen Zusammenhang sehen. Manchmal ist es so, als ob wir aus der Entfernung, aus dem abschiedlichen Schauen, die Oberseite des Teppichs unseres Lebens sehen und bestaunen können, während wir im Leben noch viel zu sehr ‚in die einzelnen Fäden der Unterseite‘ verwickelt waren.

In diesem Betrachten gewinnen wir selbst Kontur, erkennen wir uns deutlicher in unserer gewordenen Form. Wir nehmen unsere Mängel und Versäumnisse, aber auch die Einmaligkeit und Schönheit unseres Lebens deutlicher wahr.

In dem Erinnern, Schauen und Betrachten des Lebens wächst die Annahme unseres eigenen Lebens, wir werden versöhnter mit dem, wie unser Leben war, so daß wir sagen können: Ja, das war ich.

Wie winzige Samen

Wenn Menschen geboren werden, beginnen sie wie winzige Samen.
Die Samen des Löwenzahn bläst der Wind auf die Wiese –
ein paar landen am Straßenrand,
einige auf einen grünen Rasen, wo sie unerwünscht sind –
andere in einem Blumenbeet ...
und so ist es auch mit uns:
Wir beginnen unser Dasein in einer reichen oder armen
Familie, in einem Waisenhaus,
vielleicht auch hungrig, vielleicht auch sterbend als
kleine Kinder.

Elisabeth Kübler-Ross: Kinder und der Tod

Aber es sind doch Fragen

Wo ist deine Jugend hin? Ich weiß es nicht, ich werde es nie erdenken. Aber es sind doch Fragen, es ist doch Auflehnung, es ist doch nicht mehr Tod.

Und statt der Antwort, die ich doch nicht erwarte, finde ich neue Fragen. Zum Beispiel: Wie lange ist es her? Wann war's das letzte Mal, daß du jung gewesen bist?

Ich denke nach, und die erfrorene Erinnerung kommt langsam in Fluß, bewegt sich, schlägt unsichere Augen auf und strahlt unversehens ihre klaren Bilder aus, die unverloren unter der Todesdecke schliefen.

Anfangs will es mir scheinen, die Bilder seien ungeheuer alt, zum mindesten zehn Jahre alt. Aber das taub gewordene Zeitgefühl wird zusehends wacher, legt den vergessenen Maßstab auseinander, nickt und mißt. Ich erfahre, daß alles viel näher beieinander liegt, und nun tut auch das entschlafene Identitätsbewußtsein die hochmütigen Augen auf und nickt bestätigend und frech zu den unglaublichsten Dingen. Es geht von Bild zu Bild und sagt: „Ja, das war ich", und jedes Bild rückt damit sofort aus sei-

ner kühlschönen Beschaulichkeit heraus und wird ein Stück Leben, ein Stück meines Lebens.
Hermann Hesse: Taedium vitae

Die Kindheit

Die Kindheit ist ein Land, ganz unabhängig von allem. Das einzige Land, in dem es Könige gibt. Warum in die Verbannung gehen? Warum nicht älter und reifer werden in diesem Lande? ... wozu sich gewöhnen an das, was *andere* glauben? Hat das etwa mehr Wahrheit, als was man glaubt im ersten starken Kindervertrauen? Ich kann mich noch erinnern ... da hatte jedes Ding einen besonderen Sinn, und es gab unzählbar viele Dinge. Und keines war mehr im Werte als ein anderes. Gerechtigkeit war über ihnen. Jedes durfte einmal das Einzige scheinen, durfte Schicksal sein: ein Vogel, der in der Nacht geflogen kam, und nun, schwarz und ernst, auf meinem Lieblingsbaum saß; ein Sommerregen, der den Garten verwandelte, so daß alles Grün Dunkelheit und Glanz bekam; ein Buch, in dessen Blättern eine Blume lag, Gott weiß von wem, – ein Kieselstein von fremder deutsamer Gestalt, – das alles war so, als ob man viel mehr davon wüßte, als die Großen. Es schien, als könnte man glücklich werden und groß durch jedes Ding, aber auch, als könnte man an jedem Dinge sterben ...
Rainer Maria Rilke: Jahreszeiten

Ich war kein Kind mehr

Ich war damals entweder dreizehn oder vierzehn Jahre alt.

Ich hatte mich, wie wir alle, vom Christbaume weg und den Tischen zugewendet, wo die Geschenke lagen, ich hatte meinen Platz mit suchenden Augen entdeckt und strebte jetzt auf ihn zu. Dabei mußte ich meinen kleinen Bruder Hans und ein niedriges Kinder-Spieltischchen umgehen, auf dem seine Bescherung aufgebaut war. Mit einem Blick streifte ich seine Geschenke, ihr Mittelpunkt und Prunkstück war ein Satz von winzig kleinem Tongeschirr; drollig liliputanische Tellerchen, Krügchen, Täßchen standen da beisammen, komisch und rührend in ihrer hübschen Kleinheit, jede Tasse war kleiner als ein Fingerhut. Über dieses tönerne Zwerggeschirr gebeugt, mit vorgestrecktem Kopf, stand mein kleiner Bruder, und im Vorbeigehen sah ich eine Sekunde lang sein Kindergesicht – er war fünf Jahre jünger als ich – und habe es in dem halben Jahrhundert, das seitdem vergangen ist, manche Male in Erinnerung so wiedergesehen, wie es mir in jener Sekunde sich offenbarte: ein still strahlendes, leicht zum Lächeln zusammengenommenes, von Glück und Freude ganz und gar verklärtes und verzaubertes Kindergesicht.

Dies war das ganze Erlebnis. Es war schon vorüber, als ich mit dem nächsten Schritt bei meinen Geschenken angekommen war und von ihnen in Anspruch genommen wurde, Geschenken, von denen ich heute keins mehr mir vorstellen und benennen kann, während ich Hansens Töpfchen noch in genauester Erinnerung habe. Im Herzen blieb das Bild bewahrt, bis heute, und im Herzen geschah alsbald, kaum daß mein Auge das Brudergesicht wahrgenommen hatte, eine mannigfaltige Bewegung und Erschütterung. Die erste Regung im Herzen war die einer starken Zärtlichkeit gegen den kleinen Hans, gemischt jedoch mit einem Gefühl von Abstand und Überlegenheit, denn hübsch und entzückend zwar, aber kindisch erschien mir solche Verklärtheit und Beseligung über diesen kleinen tönernen Kram, den man beim Hafner für ein paar Groschen haben konnte. Indessen widersprach schon die nächste Zuckung des Herzens wieder: sofort nämlich, oder eigentlich schon gleichzeitig empfand ich meine Verachtung für diese Krügelchen und Täßchen als etwas Schmähliches, ja Gemeines, und noch schmählicher war mein Gefühl von Klügersein und von Überlegenheit über den Kleineren, der sich noch so bis zur Entrücktheit zu freuen vermochte und für den die Weihnacht, die Täßchen und das alles noch den vollen Zauberglanz und die Heiligkeit hatten, die sie einst auch für mich gehabt hatten. Das war der Kern und Sinn dieses Erlebnisses, das Aufweckende und Erschreckende: es gab den Begriff „Einst" für mich! Hans war ein Kind, ich aber wußte plötzlich, daß ich keines mehr sei und nie mehr sein würde! Hans erlebte sein Gabentischchen wie ein Paradies, und ich war nicht nur solchen Glückes nicht mehr fähig, sondern ich fühlte mich ihm mit Stolz entwachsen, mit Stolz und doch auch beinah mit Neid. Ich blickte zu meinem Bruder, der eben noch meinesgleichen gewesen war, aus einer Distanz hinüber, von oben und kritisch, und fühlte zugleich Scham darüber, daß ich ihn und sein Tongeschirr so hatte betrachten können, so zwischen Mitleid und Verachtung, so zwischen Überheblichkeit und Neid. Ein Augenblick hatte diese Distanz geschaffen, hatte diese tiefe Kluft aufgerissen. Ich sah und wußte plötzlich: ich war kein Kind mehr, ich war älter und klüger als Hans, und war auch böser und kälter.

Hermann Hesse: Erinnerung an Hans

Dann schwieg sie eine Weile

Nun schaute mich die Mutter mit ihren schönen, warmen Augen an und las auf meinem Gesicht und überlegte sich vielleicht, was sie sagen und wonach sie fragen sollte. Ich hielt befangen still und spielte mit meinen Fingern, auf ein Examen gefaßt, das im ganzen zwar nicht allzu unrühmlich, im einzelnen jedoch recht beschämend ausfallen würde.

Sie sah mir eine Weile ruhig in die Augen, dann nahm sie meine Hand in ihre feinen, kleinen Hände.

„Betest du auch noch manchmal?" fragte sie leise.

„In der letzten Zeit nicht mehr", mußte ich sagen, und sie blickte mich ein wenig bekümmert an.

„Du lernst es schon wieder", meinte sie dann. Und ich sagte: „Vielleicht."

Dann schwieg sie eine Weile und fragte schließlich: „Aber gelt, ein richtiger Mann willst du werden?" Da konnte ich ja sagen. Sie aber, statt nun mit peinlichen Fragen zu kommen, streichelte meine Hand und nickte mir auf eine Weise zu, die bedeutete, sie habe Vertrauen zu mir, auch ohne Beichte. Und dann fragte sie nach meinen Kleidern und meiner Wäsche …

Hermann Hesse: Schön ist die Jugend

So gab er mir ein starkes Herz

Mein Vater hatte immer seinen Garten. Jeden Tag, wenn er von der Arbeit nach Hause kam, hackte und pflegte er darin seine Pflanzen und sang für sie ein Lied.

Wenn er damit fertig war, nahm er uns auf seinen Schoß und blies den Rauch des Tabaks über den Garten hin, um so seine Gebete an die Wolken zu richten. Solange wir klein waren, saßen wir auf seinen Knien oder an seiner Seite, wenn er rauchte.

Wir waren wie seine Pflanzen: Er sang uns Lieder vor, streichelte uns, betete für uns und hatte uns lieb. Meine Tochter hatte das Glück, daß sie bei ihm lebte, als sie klein war. Durch seine Lebensart gab er ihr – wie mir – ein starkes Herz.

Rudolf Kaiser: Indianischer Sonnengesang

Ihr kreideweißes Haar

Als ich fünf Jahre alt war, hatte ich einen großen Kummer. Ich weiß kaum, ob ich seitdem einen größeren gehabt habe.

Das war, als meine Großmutter starb. Bis dahin hatte sie jeden Tag auf dem Ecksofa in ihrer Stube gesessen und Märchen erzählt.

Ich weiß es nicht anders, als daß Großmutter dasaß und erzählte, vom Morgen bis zum Abend, und wir Kinder saßen still neben ihr und hörten zu. Das war ein herrliches Leben. Es gab keine Kinder, denen es so gut ging wie uns. Ich erinnere mich nicht an sehr viel von meiner Großmutter. Ich erinnere mich, daß sie schönes, kreideweißes Haar hatte, und daß sie sehr gebückt ging, und daß sie immer dasaß und an einem Strumpf strickte. Dann erinnere ich mich auch, daß sie, wenn sie ein Märchen erzählt hatte, ihre Hand auf meinen Kopf zu legen pflegte, und dann sagte sie: „Und das alles ist so wahr, wie daß ich dich sehe und du mich siehst."

...

Von all den Geschichten, die sie mir erzählte, habe ich nur eine schwache, unklare Erinnerung. Nur an eine einzige von ihnen erinnere ich mich so gut, daß ich sie erzählen könnte. Es ist eine kleine Geschichte von Jesu Geburt.

Seht, das ist beinahe alles, was ich noch von meiner Großmutter weiß, außer dem, woran ich mich am besten erinnere, nämlich dem großen Schmerz, als sie dahinging.

Ich erinnere mich an den Morgen, an dem das Ecksofa leer stand und es unmöglich war, zu begreifen, wie die Stunden des Tages zu Ende gehen sollten. Daran erinnere ich mich. Das vergesse ich nie.

Und ich erinnere mich, daß wir Kinder hingeführt wurden, um die Hand der Toten zu küssen. Und wir hatten Angst, es zu tun, aber da sagte uns jemand, daß wir nun zum letztenmal Großmutter für all die Freude danken könnten, die sie uns gebracht hatte. Und ich erinnere mich, wie Märchen und Lieder vom Hause wegfuhren, in einem langen, schwarzen Sarg gepackt, und niemals wiederkamen.

Ich erinnere mich, daß etwas aus dem Leben verschwunden war. Es war, als hätte sich die Tür zu einer ganzen schönen, verzauberten Welt geschlossen, in der wir früher frei aus und ein gehen durften. Und nun gab es niemand mehr, der sich darauf verstand, diese Tür zu öffnen.

Selma Lagerlöf: Die schönsten Legenden

19

Der Großvater

Wenn ich die Bilder meines Lebens beschwöre, steigt als erstes in meiner Erinnerung mein Großvater auf, der ein ganz kleines Ding, mich, an der Hand hält. Wir sind in einer schimmernden Sphäre eingeschlossen, als wären wir außerhalb von Zeit und Raum, und vielleicht ist das etwas Ewiges: das Kind an der Hand des Vaters, der Mutter, wie in der Hand Gottes geborgen. Für mich gab es wohl kaum einen Unterschied zwischen Gott und meinem Großvater, dem unwandelbar gütigen, freundlichen. Schwebt das Bildchen frei im Raume, so weiß ich doch, daß wir in dem Garten standen, der zu meinem Vaterhause gehörte und der für mich das Paradies war. So deutlich sehe ich den Garten vor mir, daß ich ihn Strauch für Strauch und Blume für Blume beschreiben könnte.

Ricarda Huch: Jugendbilder

Vom Geben und Nehmen

Noch ein anderes bewegt mich, wenn ich an meine Jugend zurückdenke: die Tatsache, daß so viele Menschen mir etwas gaben oder etwas waren, ohne daß sie es wußten. Solche, mit denen ich nie ein Wort gewechselt habe, ja auch solche, von denen ich nur erzählen hörte, haben einen bestimmten Einfluß auf mich ausgeübt. Sie sind in mein Leben eingetreten und Kräfte in mir geworden. Gar manches, was ich sonst nicht so klar empfunden und so entschieden getan hätte, empfinde und tue ich so, weil ich wie unter dem Zwang jener Menschen stehe. Darum kommt es mir immer vor, als ob wir alle geistig von dem lebten, was uns Menschen in bedeutungsvollen Stunden unseres Lebens gegeben haben. Diese bedeutungsvollen Stunden kündigen sich nicht an, sondern kommen unerwartet. Auch nehmen sie sich nicht großartig aus, sondern unscheinbar. Ja, manchmal bekommen sie ihre Bedeutung für uns erst in der Erinnerung, wie uns die Schönheit einer Musik oder einer Landschaft manchmal erst in der Erinnerung aufgeht.

Vieles, was an Sanftmut, Gütigkeit, Kraft zum Verzeihen, Wahrhaftigkeit, Treue, Ergebung in Leid unser geworden ist, verdanken wir Menschen, an denen wir solches erlebt haben, einmal in einem großen, einmal in einem kleinen Begebnis. Ein Leben gewordener Gedanke sprang wie ein Funke in uns hinein und zündete.

Ich glaube nicht, daß man in einen Menschen Gedanken hineinbringen kann, die nicht in ihm sind. Gewöhnlich sind in den Menschen alle guten Gedanken als Brennstoffe vorhanden. Aber vieles von diesem Brennstoff entzündet sich erst oder erst recht, wenn eine Flamme oder ein Flämmchen von draußen, von einem anderen Menschen her, in ihn hineinschlägt. Manchmal auch will unser Licht erlöschen und wird durch ein Erlebnis an einem Menschen wieder neu angefacht.

So hat jeder von uns in tiefem Danke derer zu gedenken, die Flammen in ihm entzündet haben. Hätten wir sie vor uns, die uns zum Segen geworden sind, und könnten es ihnen erzählen, wodurch sie es geworden sind, sie würden staunen über das, was aus ihrem Leben in unseres übergriff.

So weiß auch keiner von uns, was er wirkt und was er Menschen gibt. Es ist für uns verborgen und soll es bleiben. Manchmal dürfen wir ein klein wenig davon sehen, um nicht mutlos zu werden. Das Wirken der Kraft ist geheimnisvoll.

Überhaupt, ist nicht in dem Verhältnis des Menschen zum Menschen viel mehr geheimnisvoll, als wir es uns gewöhnlich eingestehen? Keiner von uns darf behaupten, daß er einen andern wirklich kenne, und wenn er seit Jahren täglich mit ihm zusammen lebt. Von dem, was unser inneres Erleben ausmacht, können wir auch unseren Vertrautesten nur Bruchstücke mitteilen. Das Ganze vermögen wir weder von uns zu geben, noch wären sie imstande es zu fassen. Wir wandeln miteinander in einem Halbdun-

21

kel, in dem keiner die Züge des andern genau erkennen kann. Nur von Zeit zu Zeit, durch ein Erlebnis, das wir mit dem Weggenossen haben, oder durch ein Wort, das zwischen uns fällt, steht er für einen Augenblick neben uns, wie von einem Blitze beleuchtet. Da sehen wir ihn, wie er ist. Nachher gehen wir wieder, vielleicht für lange, im Dunkel nebeneinander her und suchen vergeblich, uns die Züge des andern vorzustellen.

In diese Tatsache, daß wir einer dem andern Geheimnis sind, haben wir uns zu ergeben. Sich kennen will nicht heißen, alles voneinander wissen, sondern Liebe und Vertrauen zueinander haben und einer an den andern glauben.

Albert Schweitzer: Die Ehrfurcht vor dem Leben

Lebenszeiten

In der Jugend zur Zeit der Abenddämmerung
Leuchtkäfer an meinen Fingern,
in meiner Hand
ein glühender orangeroter Mond.

Im Jugendalter
zur Zeit der Morgendämmerung
Tau in meinen Augen,
an meinen Zehen feuchte Grasringel.

Als erwachsene Frau zur Zeit des Mittags
Sonnenstrahlen auf meiner nackten Unschuld
und Sehnsucht nach den Flügeln
des roten Vogels.

Im Alter zur Zeit des Zwielichts
überwirkliche Schatten auf meinem Gesicht.
In meinem Herzen spüre ich
eine untergehende Sonne.

Rudolf Kaiser: Indianischer Sonnengesang

22

Die Heimat

Die Heimat kann eine Landschaft sein oder ein Garten, oder eine Werkstatt, oder auch ein Glockenklang, oder ein Geruch. Für den einen ist aller Zauber der Heimat darin beschlossen, daß er wieder den Fluß im Tal rauschen oder die Orgel in der Kapelle spielen hört. Ein anderer fühlt sich zuinnerst im Herzen erst dann getroffen, wenn er wieder den Duft von gebratenen Erdäpfeln riecht, so wie seine Mutter sie gemacht hat, recht rösch und vielleicht mit ein bißchen Zwiebeln dran. Das, worum es sich handelt, ist nicht die Kapelle und nicht das Essen, sondern die Erinnerung an die Zeit des Heranwachsens, an die ersten, stärksten, heiligsten Eindrücke unseres Lebens. Dazu gehört die Mundart der Heimat. Mir, der ich in der Fremde lebe, ist bei jedem Heimkommen der erste schwäbische Bahnschaffner ein wahrer Paradiesvogel! Weiter gehört dazu Sitte und Art der Gegend. Wer in einer Stadt geboren ist, in der alle Häuser die Giebelseite nach der Straße haben, dem wird beim Anblick einer ähnlich gebauten Stadt sofort wieder die Heimat sich im Herzen regen. Vielleicht, ohne daß er's weiß. Aber es ist ans Innerste gerührt, an den kleinen sicheren Schatz, den wir aus den Jahren der frühesten Jugend haben. Da liegen Bilder und Eindrücke durcheinander, man schätzt sie oft wenig, aber alles zusammen ist eine satte Lösung, an die man nicht rühren kann, ohne daß es Kristalle gibt.

Hermann Hesse: Brief ins Feld

So schön und schweigend

Ich tat das alte Buch an seinen Ort zurück und ging ans Fenster. Da dämmerte unten im Nebelblau der glatte See, jenseits glänzten die Dörfer mit hellen Scheiben und auf den Thurgauer Bergen lagen blasse, schmale Schneefelder zwischen den Wäldern. Diese Berge, durch den See von mir getrennt, stiegen so schön und schweigend und feierlich in die verschleierte Höhe und standen so still und selig rastend in der herandämmernden Winternacht, daß mir schien, ich könnte ein Seliger sein und alle Geheimnisse der Erde verstehen, wenn ich jetzt dort drüben wäre. Dort lag der bleiche Schnee so anders als auf meinem Dach, dort standen Buchenwälder und schwarze Föhren so unbegreiflich schön und entzückt, wie ich sie niemals in der Nähe sah; vielleicht wandelte dort Gott selber über die Hänge, und wer ihm dort begegnete, der könnte ihn berühren und ihn grüßen und ganz nah in seine Augen blicken.

Ja, dort drüben! Schon hier, in meinem schönen, stillen Dorf, auf meinem Hügel, in meinem Walde, wage ich Gott nicht zu denken, berühre nicht seine Hand, höre nicht seinen Schritt – ich suche ihn drüben, überm See, hinter dem leichten Nebel.

Hermann Hesse: Am Ende des Jahres

Es ist alles wie es sein soll

In seinen Gedanken aber stand er jetzt wieder, wie seit einigen Tagen fast immerzu, vor dem lieben Gott und sprach unaufhörlich mit ihm. Furcht hatte er keine; er wußte, daß Gott uns nichts tun kann. Aber sie sprachen miteinander, Gott und Knulp, über die Zwecklosigkeit seines Lebens, und wie das hätte anders eingerichtet werden können, und warum dies und jenes so und nicht anders habe gehen müssen.

„Damals ist es gewesen", beharrte Knulp immer wieder, „damals, wie ich vierzehn Jahre alt war und die Franziska mich im Stich gelassen hat. Da hätte noch alles aus mir werden können. Und dann ist irgend etwas in mir kaputtgegangen oder verpfuscht worden, und von da an habe ich eben nichts mehr getaugt. – Ach was, der Fehler ist einfach der gewesen, daß du mich nicht mit vierzehn Jahren hast sterben lassen! Dann wäre mein Leben so schön und vollkommen gewesen wie ein reifer Apfel."

Der liebe Gott aber lächelte immerzu, und manchmal verschwand sein Gesicht ganz in dem Schneetreiben.

„Na, Knulp", sagte er ermahnend, „denk einmal an deine Jungeburschenzeit, und an den Sommer im Odenwald, und an die Lächstettener Zeiten! Hast du da nicht getanzt wie ein Reh und hast das schöne Leben in allen Gedanken zucken gefühlt? Hast du nicht singen können und Harmonika spielen, daß den Mädchen die Augen übergelaufen sind? Weißt du noch die Sonnentage in Bauerswil? Und deinen ersten Schatz, die Henriette? Ja, ist denn das alles nichts gewesen?"

Knulp mußte nachdenken, und wie ferne Bergfeuer strahlten ihm die Freuden seiner Jugend dunkelschön herüber und dufteten schwer und süß wie Honig und Wein, und klangen tieftönig wie Tauwind in der Vorfrühlingsnacht. Herrgott, es war schön gewesen, schön die Lust und schön die Trauer, und es wäre jammerschade um jeden Tag gewesen, der gefehlt hätte!

„Ach ja, es war schön", gab er zu und war doch voller Weinerlichkeit und Widerspruch wie ein müdes Kind. „Es war schön damals. Freilich, Schuld und Traurigkeit ist auch schon dabei gewesen. Aber es ist wahr, es sind gute Jahre gewesen, und vielleicht haben nicht viele solche Becher ausgetrunken und solche Tänze angeführt und solche Liebesnächte gefeiert, wie ich dazumal. Aber dann, dann hätte es aus sein sollen! Schon dort war ein Stachel im Glück, ich weiß noch wohl, und dann sind niemals mehr so gute Zeiten gekommen. Nein, niemals mehr."

Der liebe Gott war weit im Schneegewehe verschwunden. Nun, da Knulp ein wenig stehenblieb, um wieder zu Atem zu kommen und ein paar kleine Blutflecke in den Schnee zu spucken, nun war Gott unversehens wieder da und gab Antwort.

„Sag einmal, Knulp, bist du nicht ein wenig undankbar? Ich muß lachen, wie vergeßlich du geworden bist! Wir haben uns an die Zeit erinnert, wo du der Tanzbodenkönig warst, und an deine Henriette, und du hast zugeben müssen: es war gut und schön, es hat wohlgetan und einen Sinn gehabt. Und wenn du so an die Henriette denkst, mein Lieber, wie willst du dann gar an Lisabeth denken? Ja, hast du denn die ganz vergessen können?"

Und wieder stand wie ein fernes Gebirge ein Stück Vergangenheit vor Knulps Augen, und wenn es nicht ganz so froh und lustig aussah wie das vorige, so glänzte es dafür viel heimlicher und inniger, wie Frauen lächeln zwischen Tränen, und es standen Tage und Stunden aus ihren Gräbern auf, an die er lange nimmer gedacht hatte. Und mitten inne stand Lisabeth, mit schönen, traurigen Augen, den kleinen Buben auf dem Arm.

„Was für ein schlechter Kerl bin ich gewesen!" fing er wieder zu klagen an. „Nein, seit die Lisabeth tot ist, hätte ich auch nimmer leben dürfen." Aber Gott ließ ihn nicht weiterreden. Er sah ihn durchdringend aus den hellen Augen an und fuhr fort: „Hör auf, Knulp! Du hast der Lisabeth sehr weh getan, das ist nicht anders, aber du weißt wohl, sie hat doch mehr Zartes und Schönes von dir empfangen als Böses, und sie hat dir nicht einen Augenblick gezürnt. Siehst du denn immer noch nicht, du Kindskopf, was der Sinn von dem allen war? Siehst du nicht, daß du deswegen ein Leichtfuß und ein Vagabund sein mußtest, damit du überall ein Stück Kindertorheit und Kinderlachen hintragen konntest? Damit überall die Menschen dich ein wenig lieben und dich ein wenig hänseln und dir ein wenig dankbar sein mußten?"

„Es ist am Ende wahr", gab Knulp nach einigem Schweigen halblaut zu. „Aber das ist alles früher gewesen, da war ich noch jung! Warum hab ich aus dem allen nichts gelernt und bin kein rechter Mensch geworden? Es wäre noch Zeit gewesen."

Es gab eine Pause im Schneefall. Knulp rastete wieder einen Augenblick und wollte den dicken Schnee von Hut und Kleidern schütteln. Aber er kam nicht dazu, er war zerstreut

26

und müde, und Gott stand jetzt nahe vor ihm, seine lichten Augen waren weit offen und strahlten wie die Sonne.

„Nun sei einmal zufrieden", mahnte Gott, „was soll das Klagen nützen? Kannst du wirklich nicht sehen, daß alles gut und richtig zugegangen ist und daß nichts hätte anders sein dürfen? Ja, möchtest du denn jetzt ein Herr oder ein Handwerksmeister sein und Frau und Kinder haben und am Abend das Wochenblatt lesen? Würdest du nicht sofort wieder davonlaufen und im Wald bei den Füchsen schlafen und Vogelfallen stellen und Eidechsen zähmen?"

Wieder fing Knulp zu gehen an, er schwankte vor Müdigkeit und spürte doch nichts davon. Es war ihm viel wohler zumute geworden, und er nickte dankbar zu allem, was Gott ihm sagte.

„Sieh", sprach Gott, „ich habe dich nicht anders brauchen können, als wie du bist. In meinem Namen bist du gewandert und hast den seßhaften Leuten immer wieder ein wenig Heimweh nach Freiheit mitbringen müssen. In meinem Namen hast du Dummheiten gemacht und dich verspotten lassen; ich selber bin in dir verspottet und bin in dir geliebt worden. Du bist ja mein Kind und mein Bruder und ein Stück von mir, und du hast nichts gekostet und nichts gelitten, was ich nicht mit dir erlebt habe."

„Ja", sagte Knulp und nickte schwer mit dem Kopf. „Ja, es ist so, ich habe es eigentlich immer gewußt."

Er lag ruhend im Schnee, und seine müden Glieder waren ganz leicht geworden, und seine entzündeten Augen lächelten.

Und als er sie schloß, um ein wenig zu schlafen, hörte er noch immer Gottes Stimme reden und sah noch immer in seine hellen Augen.

„Also ist nichts mehr zu klagen?" fragte Gottes Stimme.

„Nichts mehr", nickte Knulp und lachte schüchtern.

„Und alles ist gut? Alles ist, wie es sein soll?"

„Ja", nickte er, „es ist alles, wie es sein soll."

Gottes Stimme wurde leiser und tönte bald wie die seiner Mutter, bald wie Henriettes Stimme, bald wie die gute, sanfte Stimme der Lisabeth.

Als Knulp die Augen nochmals auftat, schien die Sonne und blendete so sehr, daß er schnell die Lider senken mußte. Er spürte den Schnee schwer auf seinen Händen liegen und wollte ihn abschütteln, aber der Wille zum Schlaf war schon stärker als jeder andere Wille in ihm geworden.

Hermann Hesse: Knulp

Verlust und Gewinn

Wenn man das Leben tiefer betrachtet, erkennt man, daß es keinen Gewinn gibt, der nicht zugleich ein Verlust ist, und daß es keinen Verlust gibt, der nicht Gewinn wäre. Was auch immer der Mensch gewonnen hat, er hat auch etwas damit verloren, dessen er oft nicht gewahr wird; und manchmal, wenn er es weiß, nennt er es den Preis, wenn er es als einen geringeren Verlust betrachtet.

Wenn ein Mensch sein eigenes Leben und seine Ereignisse genau beobachtet, erkennt er, daß es keinen Verlust gibt, der zu bedauern wäre; daß unter dem Mantel eines jeden Verlustes ein größerer Gewinn verborgen war; und er stellt ebenfalls fest, daß mit jedem Gewinn ein Verlust verbunden war, und wenn dieser Gewinn mit dem Verlust verglichen wird, erweist sich der Verlust größer als der Gewinn.

Hazrat Inayat Khan: Vom Glück der Harmonie

Alles was zu mir gehört

Ich bin ich selbst. Es gibt auf der ganzen Welt keinen Menschen, der mir vollkommen gleich ist. Deshalb ist alles, was von mir kommt, ganz und gar mein – ich habe es gewählt.

Alles, was ein Teil meines Selbst ist, gehört mir: mein Körper und alles, was ich damit tue, mein Geist und meine

Seele mit allen dazu gehörigen Gedanken und Ideen, meine
Augen und alle Bilder, die sie aufnehmen, meine Gefühle,
gleich welcher Art – Ärger, Freude, Liebe, Frustration, Enttäuschung und Erregung; mein Mund und alle Worte, die
aus ihm kommen – höflich, liebevoll oder barsch, richtig
oder falsch; meine Stimme, laut oder sanft – kurz, alles, was
ich tue in Beziehung zu anderen und zu mir selbst.

Mir gehören meine Phantasien, meine Träume, meine
Hoffnungen und meine Ängste. Mir gehören alle meine Erfolge, all mein Versagen und all meine Fehler.

Weil alles, was zu mir gehört, mein ist, kann ich mit allem
zutiefst vertraut werden. Ich kann lernen, mich selbst anzunehmen und kann mit allem, was mir gehört, freundlich
umgehen. So kann ich es möglich machen, daß alle Teile
meines Selbst zu meinem Besten zusammenarbeiten.

Ich weiß, daß es manches an mir gibt, was mich verwirrt
und manches, was mir gar nicht bewußt ist. Aber solange
ich liebevoll und freundlich mit mir umgehe, kann ich
mutig und voll Hoffnung darangehen, Wege durch diese
Wirrnis zu finden und Neues an mir zu entdecken. Wie immer ich in einem Augenblick aussehe und mich anhöre,
was ich sage und tue, das bin *Ich*. Es ist authentisch und
zeigt, wo ich in diesem einen Augenblick stehe.

Ich bin ich – und ich bin o. k.
Virginia Satir: Selbstwert und Kommunikation

Wähle

Eine Legende aus dem Mittelalter berichtet, wie Gott einmal Erbarmen hatte mit einem Menschen, der sich über
sein zu schweres Kreuz beklagte. Er führte ihn in einen
Raum, wo alle Kreuze der Menschen aufgestellt waren,

und sagte ihm: „Wähle!" Der Mensch machte sich auf die Suche. Da sah er ein ganz dünnes, aber dafür war es länger und größer. Er sah ein ganz kleines, aber als er es aufheben wollte, war es schwer wie Blei. Dann sah er eins, das gefiel ihm, und er legte es auf seine Schultern. Doch da merkte er, wie das Kreuz gerade an der Stelle, wo es auf der Schulter auflag, eine scharfe Spitze hatte, die ihm wie ein Dorn ins Fleisch drang. So hatte jedes Kreuz etwas Unangenehmes. Und als er alle Kreuze durchgesehen hatte, hatte er immer noch nichts Passendes gefunden. Dann entdeckte er eins, das hatte er übersehen, so versteckt stand es. Das war nicht zu schwer, nicht zu leicht, so richtig handlich, wie geschaffen für ihn. Dieses Kreuz wollte er in Zukunft tragen. Aber als er näher hinschaute, da merkte er, daß es sein Kreuz war, das er bisher getragen hatte.

Unbekannt

„Einmal übers liebe Haar ihm streichen"

Vom Abschiednehmen

„Jetzt sind die Blätter so schön da draußen. Ich habe es immer geliebt, durch den Herbstwald zu gehen. Dieses letzte Aufleuchten der Blätter zu bestaunen und das Laub rascheln zu hören. Und nun kann ich auch das nicht mehr." Wenn wir einen Menschen in der Zeit des Sterbens begleiten, begegnen wir immer wieder dem Abschiednehmen. Manchmal ist es geprägt von Wut und Auflehnung, dann wieder von einer tiefen Wehmut und Schmerzen, und ein anderesmal vielleicht mit einem ruhigen Einverständnis und Einwilligung.

Manch einer lernt es besonders an äußeren Dingen, in dem er manches, das ihm nicht mehr so wichtig erscheint, schon zu seinen Lebzeiten verschenkt. Viel schmerzlicher wird oft das Abschiednehmen von der Natur und nahen Menschen erlebt. Da geht es darum, „noch einmal die Knospen aufbrechen zu sehen, noch einmal die Rose zu riechen, noch einmal ans Meer zu fahren". Wir erkennen, daß wenn wir Abschied nehmen, wir noch einmal das Wesen der Landschaft oder des Menschen tief in uns aufnehmen wollen. Ein schönes und hilfreiches Ritual könnte sein, daß wir all das, von dem wir uns trennen müssen, noch einmal im Betrachten und Fühlen tief einatmen und mit diesem Einatmen in unser Herz aufnehmen. Wir nehmen es dann in uns hinein und können es im Außen leichter loslassen. Für manche scheint es am schmerzlichsten, sich von den geliebten Menschen, von Freunden und besonders von den eigenen Kindern, wenn sie noch klein sind, zu trennen. Da wehrt sich die Seele, will noch die Einschulung oder die Konfirmation miterleben, da fällt das Abschiednehmen am schwersten. Das Herz bleibt schwer.

Aber auch das Abschiednehmen von nicht gelebten Träumen und Wünschen ist oftmals ein Weg von der Auflehnung: ,Ich will doch aber noch', bis zu einer friedvollen Wehmut, die den Wunsch loslassen kann und darin auch Frieden und Versöhnung findet.

Der Diamant

Der Sannyasi hatte den Dorfrand erreicht und ließ sich unter einem Baum nieder, um dort die Nacht zu verbringen, als ein Dorfbewohner angerannt kam und sagte: „Der Stein! Der Stein! Gib mir den kostbaren Stein!"

„Welchen Stein?" fragte der Sannyasi.

„Letzte Nacht erschien mir Gott Shiwa im Traum", sagte der Dörfler, „und sagte mir, ich würde bei Einbruch der Dunkelheit am Dorfrand einen Sannyasi finden, der mir einem kostbaren Stein geben würde, so daß ich für immer reich wäre."

Der Sannyasi durchwühlte seinen Sack und zog einen Stein heraus. „Wahrscheinlich meinte er diesen hier", sagte er, als er dem Dörfler den Stein gab. „Ich fand ihn vor einigen Tagen auf einem Waldweg. Du kannst ihn natürlich haben."

Staunend betrachtete der Mann den Stein. Es war ein Diamant. Wahrscheinlich der größte Diamant der Welt, denn er war so groß wie ein menschlicher Kopf.

Er nahm den Diamanten und ging weg. Die ganze Nacht wälzte er sich im Bett und konnte nicht schlafen. Am nächsten Tag weckte er den Sannyasi bei Anbruch der Dämmerung und sagte: „Gib mir den Reichtum, der es dir ermöglicht, diesen Diamanten so leichten Herzens wegzugeben."

Anthony de Mello: Warum der Vogel singt

Zum letzten Mal

Es gibt nichts Häßlicheres als das Verlassen eines Hauses, in dem man jahrelang gewohnt und gearbeitet hat. Da, wo dein schwerer Schreibtisch von den Arbeitern weggerückt wurde, gähnt ein leerer weißer Fleck auf dem Fußboden, aus allen Wänden ziehst du mühsam und unwillig die Nägel wieder heraus, an denen deine Bilder hingen, und die du vor Jahren bedachtsam und vergnügt eingeschlagen hast. In den heiligsten Räumen liegen Schmutz und Stroh, Holzwolle und Papierschnitzel auf dem Boden. Verdrossen gehst du durch die Stuben, die so scheußlich leer stehen und in denen deine Schritte ungewohnt widerhallen, und hast immerfort das Gefühl, du seiest nun zum letztenmal hier drinnen und es müsse irgendein schöner und feierlicher Abschied stattfinden; aber nichts klingt in dir, nichts als Überdruß und der sehnliche Wunsch, du möchtest schon weit fort und alles vorüber sein.
Hermann Hesse: Umzug

Alles hat seine Stunde

Alles hat seine Stunde
und jedes Geschehen unter dem Himmel hat seine Zeit:
eine Zeit zum Leben und eine Zeit zum Sterben,
eine Zeit zum Pflanzen und eine Zeit zum ausreißen,
eine Zeit zum Töten und eine Zeit zum Heilen,
eine Zeit zum Bauen und eine Zeit zumNiederreißen,
eine Zeit zum Lachen und eine Zeit zum Weinen,
eine Zeit zum Trauern und eine Zeit zum Tanzen,
eine Zeit zum Steinewerfen und eine Zeit zum
    Steinesammeln,
eine Zeit der Umarmung und eine Zeit der Enthaltung,
eine Zeit zum Suchen und eine Zeit zum Verlieren,
eine Zeit zum Bewahren und eine Zeit zum Verwerfen,
eine Zeit zum Zerreißen und eine Zeit zum
    Zusammennähen,

eine Zeit zum Schweigen und eine Zeit zum Reden,
eine Zeit zum Lieben und eine Zeit zum Hassen,
eine Zeit für den Krieg und eine Zeit für den Frieden.

Prediger 3, 1–7

Bäume

Bäume sind für mich immer die eindringlichsten Prediger
gewesen. Ich verehre sie, wenn sie in Völkern und Fa-
milien leben, in Wäldern und Hainen. Und noch mehr
verehre ich sie, wenn sie einzeln stehen. Sie sind wie
Einsame. Nicht wie Einsiedler, welche aus irgendeiner
Schwäche sich davongestohlen haben, sondern wie große,
vereinsamte Menschen, wie Beethoven und Nietzsche. In
ihren Wipfeln rauscht die Welt, ihre Wurzeln ruhen im
Unendlichen; allein sie verlieren sich nicht darin, sondern
erstreben mit aller Kraft ihres Lebens nur das eine: ihr eigenes, in ihnen wohnendes Gesetz zu erfüllen, ihre eigene
Gestalt auszubauen, sich selbst darzustellen. Nichts ist
heiliger, nichts ist vorbildlicher als ein schöner, starker
Baum. Wenn ein Baum umgesägt worden ist und seine
nackte Todeswunde der Sonne zeigt, dann kann man auf
der lichten Scheibe seines Stumpfes und Grabmals seine
ganze Geschichte lesen: in den Jahresringen und Ver-
wachsungen steht aller Kampf, alles Leid, alle Krankheit,
alles Glück und Gedeihen treu geschrieben, schmale Jahre
und üppige Jahre, überstandene Angriffe, überdauerte
Stürme. Und jeder Bauernjunge weiß, daß das härteste
und edelste Holz die engsten Ringe hat, daß hoch auf Bergen und in immerwährender Gefahr die unzerstörbarsten,
kraftvollsten, vorbildlichsten Stämme wachsen.

Bäume sind Heiligtümer. Wer mit ihnen zu sprechen,
wer ihnen zuzuhören weiß, der erfährt die Wahrheit. Sie
predigen nicht Lehren und Rezepte, sie predigen, um das
Einzelne unbekümmert, das Urgesetz des Lebens.

Ein Baum spricht: In mir ist ein Kern, ein Funke, ein Gedanke verborgen, ich bin Leben vom ewigen Leben. Einmalig ist der Versuch und Wurf, den die ewige Mutter mit mir gewagt hat, einmalig ist meine Gestalt und das Geäder meiner Haut, einmalig das kleinste Blätterspiel meines Wipfels und die kleinste Narbe meiner Rinde. Mein Amt ist, im ausgeprägten Einmaligen das Ewige zu gestalten und zu zeigen.

Ein Baum spricht: Meine Kraft ist das Vertrauen. Ich weiß nichts von meinen Vätern, ich weiß nichts von den tausend Kindern, die in jedem Jahr aus mir entstehen. Ich lebe das Geheimnis meines Samens zu Ende, nichts andres ist meine Sorge. Ich vertraue, daß Gott in mir ist. Ich vertraue, daß meine Aufgabe heilig ist. Aus diesem Vertrauen lebe ich.

Wenn wir traurig sind und das Leben nicht mehr gut ertragen können, dann kann ein Baum zu uns sprechen: Sei still! Sei still! Sieh mich an! Leben ist nicht leicht, Leben ist nicht schwer. Das sind Kindergedanken. Laß Gott in dir reden, so schweigen sie. Du bangst, weil dich dein Weg von der Mutter und Heimat wegführt. Aber jeder Schritt und Tag führt dich neu der Mutter entgegen. Heimat ist nicht da oder dort. Heimat ist in dir innen oder nirgends.

Hermann Hesse: Bäume

Letzter Frühling

Nimm die Forsythien tief in dich hinein,
auch wenn der Flieder kommt, vermisch auch diesen
mit deinem Blut und Glück und Elendsein,
dem dunklen Grund, auf den du angewiesen.

Langsame Tage. Alles überwunden.
Und fragst dich nicht, ob Ende, ob Beginn,
dann tragen dich vielleicht die Stunden
noch bis zum Juni mit den Rosen hin.

Gottfried Benn: Gesammelte Werke

Sommers Ende

Es war ein schöner, glänzender Hochsommer hier im Süden der Alpen, und seit zwei Wochen habe ich jeden Tag jene heimliche Angst um sein Ende gespürt, die ich als Beigabe und geheime stärkste Würze alles Schönen kenne. Vor allem fürchtete ich jedes leiseste Anzeichen eines Gewitters, denn von der Mitte des August an kann jedes Gewitter leicht ausarten, kann tagelang dauern, und dann ist es zu Ende mit dem Sommer, selbst wenn das Wetter sich wieder erholt. Gerade hier im Süden ist es beinah die Regel, daß dem Hochsommer durch ein solches Gewitter das Genick gebrochen wird, daß er rasch, lodernd und zuckend erlöschen und sterben muß. Dann, wenn die tagelangen wilden Zuckungen eines solchen Gewitters am Himmel vorüber sind, wenn die tausend Blitze, die unendlichen Donnerkonzerte, das wilde rasende Sichergießen der lauen Regenströme verrauscht und vergangen sind, blickt eines Morgens oder Nachmittags aus dem verkochenden Gewölk ein kühler, sanfter Himmel, von seligster Farbe, alles voll Herbst, und die Schatten in der Landschaft sind ein wenig schärfer und schwärzer, haben an Farbe verloren und an Umriß gewonnen, so wie ein Fünfzigjähriger, der gestern noch rüstig und frisch aussah, nach einem Leid, nach einer Enttäuschung plötzlich das Gesicht voll kleiner Fäden und in allen Falten die kleinen Zeichen der Verwitterung sitzen hat. Furchtbar ist solch letztes Sommergewitter, und grauenvoll der Todeskampf des Sommers, sein wilder Widerwille gegen das Sterbenmüssen, seine tolle schmerzliche Wut, sein Umsichschlagen und Bäumen, das doch alles vergeblich ist und nach einigem Toben hilflos erlöschen muß.
Hermann Hesse: Sommers Ende

Manchmal kommt noch spät ein Falter

... Fremd steht und etwas verlegen in ihrer exotischen Starre die große Opuntie mit den goldenen Stacheln, sie bleibt ganz allein für sich; meine Freundin hat mir diesen Märchenbaum geschenkt, er hat einen Ehrenplatz auf meiner Dachterrasse. Neben ihr lächeln die Korallenfuchsien und dunkeln die violetten Kelche der Petunien, aber Nelke und Wicke, Türkenbund und Sternblume sind längst verblüht. Zusammengedrängt in ihren paar Töpfen und Kistchen stehen die Blumen, und mit dem Dunkelwerden ihres Laubes beginnen ihre Blütenfarben heftiger zu glühen, ein paar Minuten lang leuchten sie so tiefbrennend wie Glasfenster in einem Dom. Und dann erlöschen sie langsam, langsam und sterben den täglichen kleinen Tod, um sich auf den großen einmaligen vorzubereiten. Unmerklich entschwindet ihnen das Licht, unmerklich wird ihr Grün ins Schwarze verwandelt und ihre frohen Rot und Gelb sterben in gebrochenen Tönen zur Nacht hinüber. Manchmal kommt noch spät ein Falter zu ihnen geflogen, ein Schwärmer mit träumerisch schwirrendem Flug, bald aber ist der kleine Abendzauber vergangen, dunkel steht und plötzlich schwer geworden die Reihe der Berge drüben; aus dem hellgrünen Himmel, an dem man noch keinen Stern sehen kann, zucken im hastigen Flug die Fledermäuse und verschwinden blitzschnell ...

Hermann Hesse: Zwischen Sommer und Herbst

Mein Geheimnis

Der Fuchs verstummte und schaute den Prinzen lange an:
„Bitte ... zähme mich!" sagte er.
„Ich möchte wohl", antwortete der kleine Prinz, „aber ich habe nicht viel Zeit. Ich muß Freunde finden und viele Dinge kennenlernen."
„Man kennt nur die Dinge, die man zähmt", sagte der

Fuchs. „Die Menschen haben keine Zeit mehr, irgend etwas kennenzulernen. Sie kaufen sich alles fertig in den Geschäften. Aber da es keine Kaufläden für Freunde gibt, haben die Leute keine Freunde mehr. Wenn du einen Freund willst, so zähme mich!"

„Was muß ich da tun?" sagte der kleine Prinz.

„Du mußt sehr geduldig sein", antwortete der Fuchs. „Du setzt dich zuerst ein wenig abseits von mir ins Gras. Ich werde dich so verstohlen, so aus den Augenwinkeln anschauen, und du wirst nichts sagen. Die Sprache ist die Quelle der Mißverständnisse. Aber jeden Tag wirst du dich ein bißchen näher setzen können ..."

Am nächsten Morgen kam der kleine Prinz zurück.

„Es wäre besser gewesen, du wärst zur selben Stunde wiedergekommen", sagte der Fuchs. „Wenn du zum Beispiel um vier Uhr nachmittags kommst, kann ich um drei Uhr anfangen, glücklich zu sein. Je mehr die Zeit vergeht, um so glücklicher werde ich mich fühlen. Um vier Uhr werde ich mich schon aufregen und beunruhigen; ich werde erfahren, wie teuer das Glück ist. Wenn du aber irgendwann kommst, kann ich nie wissen, wann mein Herz da sein soll ... Es muß feste Bräuche geben."

„Was heißt ‚fester Brauch'?" sagte der kleine Prinz.

„Auch etwas in Vergessenheit Geratenes", sagte der Fuchs. „Es ist das, was einen Tag vom anderen unterscheidet, eine Stunde von den anderen Stunden ...

So machte denn der kleine Prinz den Fuchs mit sich vertraut. Und als die Stunde des Abschieds nahe war:

„Ach!" sagte der Fuchs, „ich werde weinen."

„Das ist deine Schuld", sagte der kleine Prinz, „ich wünschte dir nichts Übles, aber du hast gewollt, daß ich dich zähme ..."

„Gewiß", sagte der Fuchs.

„Aber nun wirst du weinen!" sagte der kleine Prinz.

„Bestimmt", sagte der Fuchs.

„So hast du also nichts gewonnen!"

„Ich habe", sagte der Fuchs, „die Farbe des Weizens gewonnen."
Dann fügte er hinzu:
„Geh die Rosen wieder anschauen. Du wirst begreifen,
daß die deine einzig ist in der Welt. Du wirst wiederkommen und mir adieu sagen, und ich
werde dir ein Geheimnis schenken."

Der kleine Prinz ging, die Rosen wiederzusehen …

Und er kam zum Fuchs zurück:
„Adieu", sagte er …
„Adieu", sagte der Fuchs. „Hier mein Geheimnis. Es ist
ganz einfach: man sieht nur mit dem Herzen gut. Das We-
sentliche ist für die Augen unsichtbar."
„Das Wesentliche ist für die Augen unsichtbar", wie-
derholte der kleine Prinz, um es sich zu merken.
Antoine de Saint-Exupéry: Der kleine Prinz

Briefe an ihren Mann

10. Sept. 1758

Du must nicht denken, Süßer, daß dies etwas weiter bedeutet, als daß ich *so leicht* sterben, als leben kann; und
daß ich mich, auf beydes gefaßt mache. Denn ich lasse
mich gewiß nicht darauf ein, etwas von beyden auszuma-
chen. Wenn ich nach den *Umständen* schliessen wollte; so
wäre vielmehr Wahrscheinlichkeit für Leben als für Tod.
Aber ich bin sehr ruhig zu jedem von beyden. Was Gott
will. Ich erstaune manchmal selbst über die Gelassenheit,
die ich die ganze Schwangerschaft über gehabt habe, da ich
doch so glückselig in dieser Welt bin! O was ist unsre Religion! Was muß die Ewigkeit seyn, von der wir so wenig
wissen, und unsre Seele so viel fühlt! Mehr als ein Leben
mit Klopstock!

Es scheint mir izt nicht so schwer, dich und dein Kind zu verlassen, als ehmals, und daher fürchte ich oft, daß ich diese Ruhe noch wieder verlieren kann; ob sie gleich schon acht Monate gedauert hat, und in dem Anfange der beyden vorigen Schwangerschaften auch war. Ich weiß wohl, daß alle Stunden nicht gleich sind, und vor allem die *letzten*. Denn der Tod einer Wöchnerinn ist nichts weniger, als ein leichter Tod. Doch laß die letzten Stunden keinen Eindruck auf dich machen. Du weißt zu sehr, wie viel der Körper da auf die Seele wirkt – Nun, Gott mag mir geben, was er will; ich bin immer glücklich, ein ferneres Leben mit dir – oder ein Leben mit *Ihm!*

Aber wirst du mich auch so leicht verlassen können, als ich dich? da du nur in *dieser* Welt bleibst, und in einer Welt *ohne mich!* Du weißt, ich hab immer gewünscht, die Nachbleibende zu seyn, weil ich wohl weiß, daß dieß das schwerste ist. Doch vielleicht will Gott, daß du es seyn sollst, und vielleicht hast du mehr Kräfte. Ach denke nur, wo ich hingehe! und so sehr *Sünder* dieß von einander gewiß seyn können, kannst du gewiß seyn, daß ich *dahin* gehe. So kann das Gefühl eines Christen nicht trügen! Und da folgst du mir nach, dein Kind auch. Und da lieben wir uns fort, die Liebe, die gewiß nicht zum Aufhören gemacht war, *unsre* Liebe! Und so lieben wir auch unser Kind! Im Anfange wird der Anblick des Kindes dich vielleicht traurig machen; doch nachher muß es dir ein grosser Trost seyn, ein Kind von mir nachzubehalten. Es ist mir, wenn ich nachlasse, so gar lieber, eins nachzulassen, als keins, ob ich gleich wohl weiß, daß fast alle Leute hierin anders denken, als ich. Doch warum sollte ich anders denken? Vertau ichs nicht dir und *Gott* an? Ob es gleich mit der sanftesten Ruhe ist, daß ich hiervon spreche; so will ich doch aufhören. Denn vielleicht macht es dich zu traurig ob du mir gleich die Erlaubniß dazu gegeben hast. Ach, ich danke dir für diese süsse Erlaubniß. Mein Herz wünschte es so sehr, und ich mochte es doch *deinetwegen* nicht thun. – Doch ich will aufhören. Etwas anders kann ich auch nicht schreiben, denn ich bin zu ernsthaft; ob es gleich ein Ernst mit Freudenthränen ist!

Meta Klopstock starb am 28. November 1758 bei der Geburt eines toten Sohnes

Trennung

Du wirst dich trennen
von den Magnolienbäumen
und den jubilierenden Vögeln

von deinem Haus
und den Händen
die es bewohnbar machen

von der hartnäckigen Gewohnheit
die Augen aufzuschlagen
und zu schließen
wenn der Traum dich ruft

vom Wort
das dich erschaffen hat

Du wirst dich trennen
von deinem Schatten
der dich lebenslang
verfolgte im Licht

Die Erde wird sich trennen
von dir
und deiner Liebe zu ihr

Rose Ausländer: Aus dem Gesamtwerk

Narziß und Goldmund

Er mußte Abschied nehmen von der schönen Agnes, nie mehr würde er ihre große Gestalt, ihr lichtes sonniges Haar, ihre kühlen blauen Augen sehen, nie das Schwachwerden und Zittern des Hochmuts in diesen Augen, nie mehr den süßen Goldflaum auf ihrer duftenden Haut. Lebt wohl, blaue Augen, leb wohl, feuchter zuckender Mund. Oft noch hatte er ihn zu küssen gehofft. Oh noch heute auf den Hügeln in der Spätherbstsonne, wie hatte er ihrer gedacht, ihr angehört, sich nach ihr gesehnt! Aber Abschied nehmen mußte er auch von den Hügeln, von der Sonne, vom blauen weißgewölkten Himmel, Abschied von den Bäumen und Wäldern, von der Wanderschaft, von den Tageszeiten und Jahreszeiten ...

Ach, und das Papier und der Zeichenstift, und die Hoffnung auf alle die Figuren, die er noch hatte machen wollen! Dahin, dahin! Und die Hoffnung auf ein Wiedersehen mit Narziß, mit dem lieben Jünger Johannes, auch sie mußte er hingeben.

Und Abschied nehmen mußte er von seinen eigenen Händen, von seinen eigenen Augen, von Hunger und Durst, Speise und Trank, von der Liebe, vom Lautenspielen, vom Schlafen und Erwachen, von allem. Morgen flog ein Vogel durch die Luft, und Goldmund sah ihn nicht mehr, es sang ein Mädchen am Fenster, und er hörte es nicht mehr singen, es lief der Strom und schwammen stumm die dunklen Fische, es ging ein Wind und fegte das gelbe Laub am Boden, es schien eine Sonne und ein Sternenhimmel, es zogen junge Leute zum Tanzplatz, es lag ein erster Schnee auf den fernen Bergen – und alles ging weiter, alle Bäume legten ihre Schatten neben sich, alle Menschen blickten froh oder traurig aus ihren lebendigen Augen, die Hunde bellten, die Kühe brüllten in den Ställen der Dörfer, und alles ohne ihn, alles gehörte ihm nicht mehr, von allem war er weggerissen.

Er roch den Morgengeruch der Heide, er schmeckte den

süßen jungen Wein und die jungen festen Walnüsse, es flog eine Erinnerung, ein aufleuchtender Widerschein der ganzen farbigen Welt durch sein bedrängtes Herz, unter sinkend und Abschied nehmend glänzte das ganze schöne wirre Leben noch einmal durch alle seine Sinne, und er zog sich in ausbrechendem Weh zusammen und fühlte Träne um Träne aus seinen Augen rinnen. Aufschluchzend gab er sich der Woge hin, heftig flossen seine Tränen, zusammenstürzend gab er sich dem unendlichen Weh anheim.

Hermann Hesse: Narziß und Goldmund

Wie eine verlassene Hülle

Und er lachte noch immer. Dann wurde er wieder ernst:
„Diese Nacht ... weißt du ... komm nicht!"
„Ich werde dich nicht verlassen."
„Es wird so aussehen, als wäre ich krank ..., ein bißchen, als stürbe ich. Das ist so. Komm nicht das anschauen, es ist nicht der Mühe ..."
„Ich werde dich nicht verlassen."
Aber er war voll Sorge.
„Ich sage dir das ... auch wegen der Schlange. Sie darf dich nicht beißen ... Die Schlangen sind böse. Sie können zum Vergnügen beißen ..."
„Ich werde dich nicht verlassen."
Aber etwas beruhigte ihn:
„Es ist wahr, sie haben für den zweiten Biß kein Gift mehr ..."

Ich habe es nicht gesehen, wie er sich in der Nacht auf den Weg machte. Er war lautlos entwischt. Als es mir gelang, ihn einzuholen, marschierte er mit raschem, entschlossenem Schritt dahin. Er sagte nur: „Ah, du bist da ..."
Und er nahm mich bei der Hand. Aber er quälte sich noch:

43

„Du hast nicht recht getan. Es wird dir Schmerz bereiten. Es wird aussehen, als wäre ich tot, und das wird nicht
wahr sein ...“
Ich schwieg.

„Du verstehst. Es ist zu weit. Ich kann diesen Leib da nicht
mitnehmen. Er ist zu schwer.“
Ich schwieg.
„Aber er wird daliegen wie eine alte verlassene Hülle.
Man soll nicht traurig sein um solche alten Hüllen ...“
Ich schwieg.
Er verlor ein bißchen den Mut. Aber er gab sich noch
Mühe:
„Weißt du, es wird allerliebst sein. Auch ich werde die
Sterne anschauen. Alle Sterne werden Brunnen sein mit ei-
ner verrosteten Winde. Alle Sterne werden mir zu trinken
geben ...“
Ich schwieg.
„Das wird so lustig sein! Du wirst fünfhundert Millio-
nen Schellen haben, ich werde fünfhundert Millionen
Brunnen haben ...“
Und auch er schwieg, weil er weinte ...

„Da ist es. Laß mich einen Schritt ganz allein tun.“
Und er setzte sich, weil er Angst hatte.
Er sagte noch:
„Du weißt ... meine Blume ... ich bin für sie verant-
wortlich! Und sie ist so schwach! Und sie ist so kindlich.
Sie hat vier Dornen, die nicht taugen, sie gegen die Welt zu
schützen ...“
Ich setzte mich, weil ich mich nicht mehr aufrecht hal-
ten konnte. Er sagte:
„Hier ... Das ist alles ...“

Er zögerte noch ein bißchen, dann erhob er sich. Er tat einen Schritt. Ich konnte mich nicht rühren.
Es war nichts als ein gelber Blitz bei seinem Knöchel. Er

44

blieb einen Augenblick reglos. Er schrie nicht. Er fiel
sachte, wie ein Baum fällt. Ohne das leiseste Geräusch fiel
er in den Sand.

Antoine de Saint-Exupéry: Der kleine Prinz

Ein Mädchen spricht zum Tod
(1947)

Lieber Tod, ich hab dich wohl gesehen,
als du eben in mein Zimmer kamst.
Leise warst du zwar und gingst auf Zehen,
und ich merkte, wie du Rücksicht nahmst.
Doch die Diele da vor meinem Bette,
damit hab ich selber meine Not,
weil sie immer seufzt, wenn ich drauf trete.
Konntest es nicht wissen, lieber Tod.

Und nun höre eine kleine Bitte:
Tritt ein wenig weiter von mir fort,
nur vielleicht bis in die Zimmermitte.
Sei nicht böse über dieses Wort.
Glaube auch deswegen nicht, ich hätte
Angst vor dir, doch würd ich sicher rot,
ständst du allzunah an meinem Bette.
Werd so leicht verlegen, lieber Tod.

Denn damit ich's dir gleich offen sage,
was du sicherlich noch nicht gewußt:
Du kommst viel zu früh, und einige Tage
werden's sein, die du noch warten mußt.
Gerade dacht' ich dran in meinem Bette –
lache nicht und treibe keinen Spott;
bist der erste, dem ich davon rede,
daß ich jemand liebe, lieber Tod.

Habe einen Liebsten heut gefunden,
nur wir beide wissen's, ich und du;
einen Liebsten, erst seit wenigen Stunden.
Deshalb fand ich vorhin keine Ruh.
Deshalb lag ich wach in meinem Bette,
und ich betete zum lieben Gott,
daß er meinem Liebsten Gutes täte.
Deshalb ist's zu früh auch, lieber Tod.

Einmal sind wir erst den Weg gegangen,
wo die blauen Glockenblumen stehn,
und wir waren beide so befangen,
gar nichts, wirklich gar nichts ist geschehn.
Alles, was sich gern ereignet hätte,
da die süße Stunde sich uns bot,
ach, das überlegt ich erst im Bette.
Morgen mach ichs anders, lieber Tod.

Morgen gehen denselben Weg wir wieder,
und daß er nichts Schlechtes von mir denkt,
sag ich: Liebster, beug dich nieder,
einen Kuß schnell, weil der Tod mich drängt.
Denn er war heut nacht an meinem Bette,
wachte bei mir bis zum Morgenrot.
Glaubst du, wenn ein Mädchen ihn so bäte,
daß er's falsch verstände, lieber Tod?

Denn ich will ja gar nicht viel erreichen,
und es ist nichts Schlimmes, was ich will.
Einmal übers liebe Haar ihm streichen,
ach, das ist doch wirklich nicht zuviel.
Allerdings, wenn er ins Zimmer träte
so wie du, dann hätt ich meine Not;

Lieg so wach in meinem Mädchenbette.
Ja, versteh es richtig, lieber Tod.

Möchte doch so gern mein Herz ihm schenken,
und das geht nur, wenn wir ganz allein.
Mußt darum nichts Schlechtes von mir denken
und du mußt mir auch nicht böse sein.
Komm ein wenig näher an mein Bette:
Ganz gewiß, wenn mir der liebe Gott
noch ein zweites Herz geschaffen hätte,
würd ich's dir wohl schenken lieber Tod.

Weil ich weiß, auch du hast schwere Zeiten,
mußt mit alten Leuten immer gehen,
Kranke nur und Leidende begleiten;

Und du sagst, ich wäre jung und schön.
Oder ist's nur dumme Schmeichelrede?
Jung, das weiß ich. Schön, das ist wohl Spott?
Komm doch näher, setz dich auf mein Bette.
Sag es mir noch einmal, lieber Tod.

Warum weinst du? Nein, du sollst nicht weinen.
Komm, ich trockne dir die Tränen ab.
Weil von meinem Liebsten, will mir scheinen,
weil ich nur von ihm gesprochen hab,
daß ich dich damit beleidigt hätte?
Brauchst dich nicht zu schämen, werd nicht rot.
Weinte auch schon oft in meinem Bette.
Wollte dir nicht weh tun, lieber Tod.

Tröste dich, ich will dich glücklich sehen.
Leg den Kopf hier auf mein Kissen hin.
Möchtest du wohl morgen mit mir gehen,
wo die blauen Glockenblumen blühn?
Friert dich? Komm nur, leg dich in mein Bette
und vergiß den Kummer und die Not.
Schlaf, mein Kind, derweil ich für uns bete.
Morgen sind wir glücklich, lieber Tod.

Hans Erich Nossack: Gedichte

„Wird von uns nichts bleiben als ein Name?"

Vom Sinn und von dem was bleibt

Menschen, die einen Schwerkranken begleiten, können eine wesentliche Hilfe sein, um der Frage nach dem Sinn des Lebens, der eigenen Existenz und dem Bleibenden nachzugehen. Manche Sterbenden erleben in diesen oft schweren Zeiten eine tiefe Bedrückung und das Gefühl der Sinnlosigkeit und des Scheiterns. Resignation, Sprachlosigkeit und Depression prägen manchmal die Suche nach dem Sinn. Da kann es hilfreich sein zu hören, welchen Sinn andere Menschen in ihrem Leben gefunden haben. Wir können von anderen lernen, daß es vielleicht gar nicht das Große, Wesentliche, Wichtige ist, das es zu leisten galt, sondern daß es oft die kleinen, mühsamen und demütigen Schritte sind, die uns auszeichnen. Mancher Sinn und manche Bedeutung lag vielleicht ‚nur' darin, etwas zu überstehen und auszuhalten.

Vielleicht können wir dann zulassen, daß es möglicherweise ganz andere Dinge sind, die wir als bleibende Spuren auf dieser Erde zurückzulassen dachten. Manchmal verändert sich der Blick, so daß das scheinbar Große und Anspruchsvolle unbedeutender wird und ein Lächeln, eine Geste oder ein Blick nun in die Bedeutsamkeit rückt.

In den vorliegenden Texten können wir solchen anderen Betrachtungsweisen und Wertungen begegnen. Vielleicht gewinnen wir auch ein Gefühl dafür, daß die ‚Waage Gottes' mit anderen Gewichten mißt, als wir mit unseren hohen Ansprüchen immer befürchten.

Möglicherweise können sich durch das Lesen und Vorlesen der Texte fruchtbare und lösende Gespräche ergeben, die den Sterbenden von drückenden Lasten und Zweifeln erlösen.

Was ist unser Leben

Werden die Nächte so an uns vorbeiziehen? Werden sie von den Schritten der Jahrhunderte zermalmt werden? Werden die Epochen uns überrollen? Und wird von uns nichts bleiben als ein Name, der mit Wasser statt mit Tinte geschrieben ist?

Wird dieses Licht verlöschen, diese Liebe vergehen und diese Sehnsucht verebben? Wird der Tod alles vernichten, was wir aufgebaut haben, und der Wind alles zerstreuen, was wir sagten? Wird die Finsternis alles verbergen, was wir taten?

Ist das unser Leben? Ist es eine Vergangenheit, die vorüber ist und deren Spuren verwischt sind? Ist es eine Gegenwart, die wie die Vergangenheit verläuft? Wird alles vergehen, was unserem Herzen Freude machte oder was es betrübte – ohne daß wir den Sinn erfahren?

Wird der Mensch der Gischt des Meeres gleichen, die einen Augenblick an der Oberfläche erscheint; doch sobald ein Sturm aufkommt, fegt er sie weg, und es ist, als hätte sie nie existiert?

Nein, bei meinem Leben, die Wahrheit des Lebens ist das Leben: ein Leben, das nicht im Mutterschoß beginnt und nicht im Grab endet. Seine Jahre sind Augenblicke ohne Anfang und Ende. Dieses Leben in der Welt ist – mit allem, was es enthält – ein Traum. Das Erwachen aus diesem Traum ist der Tod. Alles, was wir in diesem Traum gesehen und getan haben, hat Bestand in Gott.

Khalil Gibran: Eine Träne und ein Lächeln

Das Leere

Dreißig Speichen treffen die Nabe
Die Leere dazwischen macht das Rad.
Lehm formt der Töpfer zu Gefäßen
Die Leere darinnen macht das Gefäß.

Fenster und Türen bricht man in Mauern
Die Leere damitten macht die Behausung.
Das Sichtbare bildet die Form eines Werkes.
Das Nicht-Sichtbare macht seinen Wert aus.

Laotse: Tao Te King

In uns ist eine Kraft

Tief unten im Meer, unsichtbar für die Augen der Menschen, lag unter einer Seeanemone eine alte Auster mit ihrem kleinen Enkel.

Sie hatten eine weite Reise hinter sich, und nun waren sie müde und ruhten sich aus. Aber der kleine Biwak war bald wieder munter, und es war ihm zu langweilig, so ruhig dazuliegen.

„Großmutter", sagte er deshalb, bitte, erzähle mir eine Geschichte! Und schon rückte er näher zu ihr hin, denn beim Geschichten erzählen, da muß es ganz gemütlich und warm sein.

Aber es war seltsam, die Großmutter regte sich gar nicht, und auf einmal hörte Biwak, daß sie stöhnte, sie sagte kein einziges Wort, sie stöhnte nur.

„Großmutter", fragte Biwak ängstlich, was ist denn, was hast du denn?

„Das Sandkorn, Biwak, es ist das Sandkorn, mach dir keine Sorgen, es wird bald wieder besser", sagte die Großmutter leise.

„Das Sandkorn? Welches Sandkorn denn?"
fragte der Biwak erstaunt.

„Ach Biwak, laß mir ein paar Minuten Ruhe, dann erzähl ich dir." Und Biwak blieb ganz still, er rutschte noch ein Stück näher zur Großmutter, denn er wollte bei ihr sein, wenn ihr etwas weh tat. Nach ein paar Minuten ging es der Großmutter wieder besser. Sie sagte:
„Nun will ich dir die Geschichte erzählen."

50

Und die Großmutter begann:

„Du weißt, daß wir zur Familie der Biwaansterne gehören, deshalb hast du auch den Namen Biwak bekommen. Wir sind etwas ganz Besonderes, wir sind Perlmuscheln! Wir haben eine Kraft in uns, die keine andere Muschel in sich hat." Und leise, wie zu sich selber, sagte die Großmutter: Das ist unser Reichtum und unser Schmerz zugleich.

Aber Erwählung gibt es nicht ohne Schmerzen und Leid: „Wenn wir Muscheln uns öffnen, um Nahrung zu holen oder um all die Schönheiten des Lebens zu sehen, zu entdecken, kann es geschehen, daß trotz all unserer Vorsicht ein Sandkorn in unser Haus gelangt. Und weil unser Körper so weich und verletzlich ist, tut uns das sehr weh, denn das Sandkorn gräbt sich tief ein und verletzt uns."

„*Großmutter*", sagte Biwak ganz entsetzt, „dann mach ich mein Haus gar nicht mehr auf. Wir haben doch ganz dicke Schalen, da kann doch nichts durch, oder?"

„Ach Biwak", sagte die Großmutter zärtlich zu ihrem kleinen Enkelsohn, „das geht nicht. Wenn du dein Haus zuläßt, verhungerst du, du stirbst langsam, aber sicher hinter deiner dicken Schale."

„*Aber ich will kein Sandkorn in mir haben, das weh tut*", schrie Biwak heftig, „*ich spuck es einfach wieder aus!*"

„Auch das geht nicht", sagte die Großmutter, „aber jetzt hör weiter: Das Sandkorn werden wir nie wieder los. Aber in uns ist eine wunderbare, geheimnisvolle Kraft am Werk, die aus dem Sandkorn eine Perle werden lassen kann." Und nun erzählte die Großmutter vom Werden und Wachsen einer Perle, wie der Körper sich anstrengt und Säfte ausstößt, um das Sandkorn immer mehr zu umhüllen, so daß es mit der Zeit erträglicher wird.

„Schicht auf Schicht wächst", sagte die Großmutter geheimnisvoll, „und je länger wir das Sandkorn in uns tragen, desto schöner wird die Perle, die daraus entsteht. Und immer mehr trägt sie die Farbe deines Hauses, deines eigenen Lebens – es spiegelt sich darin, Biwak, es wird deine Perle, eine Perle, wie nur du sie hervorbringen kannst, denn es gibt keine Perle, die der anderen gleicht."

Biwak staunte. „Eine Perle?" fragte er dann, „Großmutter, bitte zeig mir eine, ich möchte sie so gerne sehen!"

„Das kann ich nicht, Biwak, erst wenn wir tot sind, wird sichtbar, was in uns gewachsen ist, wie reich unser Leben war, wieviel Sandkörner zu Perlen werden konnten."

„Aber Großmutter, dann nützt es doch gar nichts, wenn wir Perlen in uns haben, niemand sieht sie, sie tun nur weh ..."

„Ja, so habe ich auch gedacht", sagte die Großmutter, „als ich noch klein war wie du. Ach, Biwak, siehst du, genau das ist es, was ich dir nicht erklären kann, niemand kann es. Aber ich glaube, daß eine Muschel, die die Schmerzen der Sandkörner ausgehalten hat, eine wertvolle Muschel ist, deren Leben Sinn hat. Vergiß nicht, wir sind Perlmuscheln, und wenn wir keine Perle in uns tragen, bleibt unser Leben arm und leer. Wenn wir Schmerzen vermeiden wollen, können wir auch nicht den Reichtum und die Schönheit des Lebens entdecken. Und – wer selber Schmerzen litt, der wird zu anderen Geschöpfen, die leiden, verständnisvoller, barmherziger, gütiger. Ich habe das oft erlebt. Wünsch dir nicht, kleiner Biwak, daß kein Sandkorn in dich dringt. Öffne dein Haus weit, freu dich an allem, was das Leben dir schenkt und für dich bereit hält. Und wenn der Schmerz in dich dringt, nimm ihn an und vertrau darauf, daß er sich zu seiner Zeit verwandeln wird in eine kostbare Perle. Eine Perle, die auch dann noch bleibt, wenn unser Körper längst vergangen ist. Perlen, die in uns gewachsen sind, sind unsterblich."

Ulla M.: unveröffentlicht

Chinesische Parabel

Ein alter Mann mit Namen Chunglang, das heißt „Meister Felsen", besaß ein kleines Gut in den Bergen. Eines Tages begab es sich, daß er eins von seinen Pferden verlor. Da kamen die Nachbarn, um ihm zu diesem Unglück ihr Beileid zu bezeigen.

Der Alte aber fragte: „Woher wollt ihr wissen, daß das ein Unglück ist?" Und siehe da: einige Tage darauf kam das Pferd wieder und brachte ein ganzes Rudel Wildpferde mit. Wiederum erschienen die Nachbarn und wollten ihm zu diesem Glücksfall ihre Glückwünsche bringen.

Der Alte vom Berge aber versetzte: „Woher wollt ihr wissen, daß es ein Glücksfall ist?"

Seit nun so viele Pferde zur Verfügung standen, begann der Sohn des Alten eine Neigung zum Reiten zu fassen, und eines Tages brach er das Bein. Da kamen sie wieder, die Nachbarn, um ihr Beileid zum Ausdruck zu bringen. Und abermals sprach der Alte zu ihnen: „Woher wollt ihr wissen, daß dies ein Unglücksfall ist?"

Im Jahr darauf erschien die Kommission der „Langen Latten" in den Bergen, um kräftige Männer für den Stiefeldienst des Kaisers und als Sänftenträger zu holen. Den Sohn des Alten, der noch immer seinen Beinschaden hatte, nahmen sie nicht.

Chunglang mußte lächeln.

Hermann Hesse: Legenden

Der Verlust

Im Staate Lu war ein Mann namens Wang Thai, dem war ein Bein abgenommen worden. Seine Jünger waren so zahlreich wie die des Konfuzius.

Thschang Tschi fragte den Konfuzius und sprach: „Dieser Wang Thai ist verstümmelt, dennoch hat er ebenso viele Anhänger im Staate Lu wie Ihr. Er stellt sich weder hin, um zu predigen, noch setzt er sich hin, um zu diskutieren; und doch gehen die, welche leer zu ihm kommen, voll weg. Gehört er zu den Menschen, die ohne Worte lehren und ohne äußere Mittel den Geist der Menschen beeinflussen können? Was für eine Art Mensch ist er?"

„Er ist ein Weiser", antwortete Konfuzius. „Ich wollte zu ihm gehen, aber bloß hinter den anderen. Selbst ich will hingehen und ihn zu meinem Lehrer machen – warum also nicht die, welche geringer sind als ich? Und ich will nicht nur den Staat Lu, sondern die ganze Welt dazu bringen, ihm zu folgen."

„Dieser Mensch ist verstümmelt", sagte Thschang Tschi, „und doch nennen die Leute ihn ‚Meister'. Er muß ganz anders sein als gewöhnliche Menschen. Wenn das so ist, wie bildet er seinen Geist aus?"

„Leben und Tod sind wohl sehr gewichtige Veränderungen", antwortete Konfuzius, „sie können aber seinem Geist nichts anhaben. Sein Geist vermag nämlich über die Wandlung der Dinge Herr zu sein und dabei deren Quelle unverletzt zu bewahren."

„Wie ist das?" fragte Thschang Tschi. „Vom Standpunkt der Verschiedenheit der Dinge", erwiderte Konfuzius, „unterschieden wir zwischen der Leber und der Galle, zwischen dem Staat Thschu und dem Staat Yüeh. Vom Standpunkt ihrer Gleichheit sind aber alle Dinge eines. Wer die Dinge in diesem Licht betrachtet, kümmert sich nicht darum, was ihn durch den Gesichts- und Gehörsinn erreicht, sondern läßt seinen Geist im Einklang mit der Welt umherschweifen. Er schaut die Einheit der Dinge, ohne den Verlust einzelner Gegenstände zu bemerken. Und daher ist der Verlust seines Beines für ihn wie der Verlust von ebensoviel Erde."

Laotse. Herausgegeben von Lin Yutang

Die Kette der Dinge

Es gibt Menschen, auf welche eine solche Reihe Ungemach aus heiterem Himmel fällt, daß sie endlich dastehen und das hagelnde Gewitter über sich ergehen lassen: so wie es auch andere gibt, die das Glück mit solchem ausgesuchten Eigensinne heimsucht, daß es scheint, als kehrten sich in einem gegebenen Falle die Naturgesetze um, damit es nur zu ihrem Heile ausschlage.

Auf diesem Wege sind die Alten zu dem Begriffe des Fatums gekommen, wir zu dem milderen des Schicksals.

Aber es liegt auch wirklich etwas Schauderndes in der gelassenen Unschuld, womit die Naturgesetze wirken, daß uns ist, als lange ein unsichtbarer Arm aus der Wolke und tue vor unseren Augen das Unbegreifliche. Denn heute kömmt mit derselben holden Miene Segen, und morgen geschieht das Entsetzliche. Und ist beides aus, dann ist in der Natur die Unbefangenheit wie früher.

Dort, zum Beispiele, wallt ein Strom in schönem Silberspiegel, es fällt ein Knabe hinein, das Wasser kräuselt sich lieblich um seine Locken, er versinkt – und wieder nach einem Weilchen wallt der Silberspiegel, wie vorher. – Dort reitet der Beduine zwischen der dunklen Wolke seines Himmels und dem gelben Sande seiner Wüste: da springt ein leichter, glänzender Funke auf sein Haupt, er fühlt durch seine Nerven ein unbekanntes Rieseln, hört noch trunken den Wolkendonner in seine Ohren und dann auf ewig nichts mehr.

Dieses war den Alten Fatum, furchtbar letzter, starrer Grund des Geschehenden, über den man nicht hinaussieht und jenseits dessen auch nichts mehr ist, so daß ihm selber die Götter unterworfen sind: uns ist es Schicksal, also ein von einer höhern Macht Gesendetes, das wir empfangen sollten. Der Starke unterwirft sich auch ergeben, der Schwache stürmt mit Klagen darwider, und der Gemeine staunt dumpf, wenn das Ungeheure geschieht, oder er wird wahnwitzig und begeht Frevel.

Aber eigentlich mag es weder ein Fatum geben, als letzte Unvernunft des Seins, noch auch wird das einzelne auf uns gesendet; sondern eine heitre Blumenkette hängt durch die Unendlichkeit des Alls und sendet ihren Schimmer in die Herzen – die Kette der Ursachen und Wirkungen – und in das Haupt des Menschen ward die schönste dieser Blumen geworfen, die Vernunft, das Auge der Seele, die Kette daran anzuknüpfen und an ihr Blume um Blume, Glied um Glied hinabzuzählen bis zuletzt zu jener Hand, in der das Ende ruht. Und haben wir dereinstens recht gezählt und können wir die Zählung überschauen: dann wird für uns kein Zufall mehr erscheinen, sondern Folgen, kein Unglück mehr, sondern nur Verschulden; denn die Lücken, die jetzt sind, erzeugen das Unerwartete und der Mißbrauch das Unglückselige. Wohl zählt nun das menschliche Geschlecht schon aus einem Jahrtausende in das andere, aber von der großen Kette der Blumen sind nur erst einzelne Blätter aufgedeckt, noch fließt das Geschehen wie ein heiliges Rätsel an uns vorbei, noch zieht der Schmerz im Menschenherzen aus und ein – ob er aber nicht zuletzt selber eine Blume in jener Kette ist? Wer kann das ergründen?

Adalbert Stifter: Meistererzählungen

Wer bist du?

Eine Frau lag im Koma. Plötzlich hatte sie das Gefühl, sie käme in den Himmel und stünde vor dem Richterstuhl.

„Wer bist du?" fragte eine Stimme.

„Ich bin die Frau des Bürgermeisters", erwiderte sie.

„Ich habe nicht gefragt, wessen Ehefrau du bist, sondern wer du bist."

„Ich bin die Mutter von vier Kindern."

„Ich habe nicht gefragt, wessen Mutter du bist, sondern wer du bist."

„Ich bin Lehrerin."
„Ich habe nicht nach deinem Beruf gefragt, sondern wer du bist."
Und so ging es weiter. Alles, was sie erwiderte, schien keine befriedigende Antwort auf die Frage zu sein: „Wer bist du?"
„Ich bin eine Christin."
„Ich fragte nicht, welcher Religion du angehörst, sondern wer du bist."

„Ich bin die, die jeden Tag in die Kirche ging und immer den Armen und Hilfsbedürftigen half."
„Ich fragte nicht, was du tatest, sondern wer du bist."
Offensichtlich bestand die Frau die Prüfung nicht, denn sie wurde zurück auf die Erde geschickt. Als sie wieder gesund war, beschloß sie, herauszufinden, wer sie war. Und darin lag der ganze Unterschied.

Anthony de Mello: Warum der Schäfer jedes Wetter liebt

Der Tod und der Gänsehirt

Einmal kam der Tod über den Fluß, wo die Welt beginnt.
Dort lebte ein armer Hirt, der eine Herde weißer Gänse hütete. „Du weißt, wer ich bin, Kamerad?" fragte der Tod.
„Ich weiß, du bist der Tod. Ich habe dich auf der anderen Seite hinter dem Fluß oft gesehen."
„Du weißt, daß ich hier bin, um dich zu holen und dich mitzunehmen auf die andere Seite des Flusses?"
„Ich weiß. Aber das wird noch lange sein."
„Oder wird nicht?"
„Nein", sagte der Hirt. „Ich habe immer über den Fluß geschaut, seit ich hier bin, ich weiß, wie es dort ist."
„Gibt es nichts, was du mitnehmen möchtest?"
„Nein, denn ich habe nichts." „Nichts worauf du hier noch wartest?"
„Nichts, denn ich warte auf nichts."

„Dann werde ich jetzt weitergehen und dich auf dem Rückweg holen. Brauchst du noch etwas, wünschst du dir noch was?"

„Brauche nichts, hab' alles", sagte der Hirt. „Ich habe eine Hose und ein Hemd und ein Paar Winterschuhe und eine Mütze. Ich kann Flöte spielen, das macht lustig. Meine Gänse verstehen nicht viel von Musik."

Als dann der Tod nach langer Zeit wiederkam, gingen viele hinter ihm her, die er mitgebracht hatte, um sie über den Fluß zu führen. Da war ein Reicher dabei, ein Geizhals, der zeit seines Lebens wertvolles und wertloses Zeug an sich gerafft hatte: Klamotten, auch Gold und Aktien und fünf Häuser mit etlichen Etagen.

Der Mann jammerte und zeterte: „Noch fünf Jahre, nur noch fünf Jahre hätte ich gebraucht, und ich hätte noch fünf Häuser mehr gehabt. So ein Unglück, so ein Unglück, verfluchtes!" Das war schlimm für ihn.

Ein Rennfahrer war unter ihnen, der zeit seines Lebens trainiert hatte, um den großen Preis zu gewinnen. Fünf Minuten hätte er noch gebraucht bis zum Sieg. Da erwischte ihn der Tod.

Ein Berühmter war dabei, dem ein Orden gefehlt hatte, nur ein einziger Orden, für den er Jahre aufgewendet hatte, da holte ihn der Bruder Tod. Das war schlimm für ihn.

Dann war da ein junger Mensch, der hatte an seiner Braut gehangen, denn sie waren ein Liebespaar gewesen, und keiner konnte ohne den anderen leben.

Ein schönes Fräulein war dabei mit langen Haaren. Und viele Reiche, die jetzt nichts mehr besaßen, und noch mehr Arme, die jetzt auch nicht das besaßen, was sie gerne hätten haben wollen.

Ein alter Mann war freiwillig mitgegangen. Aber auch er war nicht froh, denn siebzig Jahre waren vergangen, ohne daß er das bekommen hatte, was er hatte haben wollen. Schlimm für sie alle.

Als sie an den Fluß kamen, wo die Welt aufhört, saß

dort der Hirt. Und als der Tod ihm die Hand auf die Schulter legte, stand er auf, ging mit über den Fluß, als wäre nichts, und die andere Seite hinter dem Fluß war ihm nicht fremd. Er hatte Zeit genug gehabt, hinüberzuschauen, er kannte sich hier aus, und die Töne waren noch da, die er immer auf der Flöte gespielt hatte: Er war sehr fröhlich. Das war schön für ihn.

Was mit den Gänsen geschah?

Ein neuer Hirt kam.

Eine Geschichte von Janosch für Henry

Zeichen hinterlassen

Ein Mann schickte seine beiden Söhne, Tambu und Rafki, hinaus ins Grasland, um sich in den Dörfern umzusehen. Er gab ihnen den Auftrag: „Hinterlaßt Zeichen auf eurem Weg!"

Die beiden Söhne gehorchten dem Vater und gingen hinaus ins Grasland. Nach wenigen Schritten schon begann Tambu, Zeichen auf seinen Weg zu machen. Er knüpfte einen Knoten ins hohe Grasbüschel, dann ging er ein Stück weiter und knickte einen Zweig von einem Busch. Dann knüpfte er wieder Knoten ins Grasbüschel. So war der ganze Weg, den er ging, voller Zeichen. Aber er zog sich von allen Menschen zurück und sprach mit niemandem.

Ganz anders verhielt sich sein Bruder Rafki. Er machte keine Zeichen am Weg. Aber im ersten Dorf setzte er sich zu den Männern im großen Palaverhaus, hörte zu, aß und trank mit ihnen und erzählte aus seinem Leben. Im nächsten Dorf schloß Rafki Kontakt mit einem Jungen, der ihn in seine Familie mitnahm, in die Dorfgemeinschaft einführte. Im dritten Dorf bekam Rafki von einem Mädchen bei der sengenden Hitze einen kühlen Trunk angeboten und durfte das Dorffest mitfeiern.

Tambu bekam von alldem nichts mit, er hatte Arbeit mit seinen Grasbüscheln und geknickten Zweigen.

Als die beiden Brüder nach ihrer Heimkehr dem Vater von ihren Erlebnissen erzählten, machte er sich mit ihnen auf denselben Weg. Überall wurde Rafki mit seinem Vater herzlich aufgenommen – Tambu aber kannte kein Mensch. „Ich verstehe nicht, warum mich keiner kennt", sagte Tambu, „alle sind zu Rafki freundlich, der nichts anders getan hat, als geguckt; kein einziges Grasbüschel hat er geknüpft und wird von allen gekannt und geehrt."

Da sagte der Vater: „Es gibt noch andere Zeichen als Grasbüschel, mein Kind: Das sind Zeichen, die ein Mensch in den Herzen anderer Menschen hinterläßt, wenn er zu ihnen geht, mit ihnen spricht und ihnen seine Freundschaft zeigt. Solche Zeichen hat Rafki auf seinem Weg hinterlassen; darum haben ihn die Leute wiedererkannt und freundlich gemocht, wenn er kommt. Solche Zeichen in den Herzen der Menschen bleiben, wenn die Grasbüschel längst von Tieren gefressen oder vom Wind weggetragen sind."

Da sagte Tambu: „Ich will auch lernen, solche Zeichen auf meinem Weg zu hinterlassen wie Rafki."

Heinrich Pera: Sterbende verstehen. Ein praktischer Leitfaden zur Sterbebegleitung,

Wer lieben kann ist glücklich

Was ich alsdann für mich allein dachte und spann, ist wohl nicht des Erzählens wert. Aber je älter ich wurde und je schaler die kleinen Befriedigungen mir schmeckten, die ich in meinem Leben fand, desto mehr wurde mir klar, wo ich die Quelle der Freuden und des Lebens suchen müsse. Ich erfuhr, daß Geliebtwerden nichts ist, Lieben aber alles, und mehr und mehr meinte ich zu sehen, daß das, was unser Dasein wertvoll und lustvoll macht, nichts anderes ist als unser Fühlen und Empfinden. Wo irgend ich etwas auf Erden sah, das man „Glück" nennen konnte, da bestand es aus Empfindungen. Geld war nichts, Macht war nichts.

Man sah viele, die beides hatten und elend waren. Schönheit war nichts, man sah schöne Männer und Weiber, die bei aller Schönheit elend waren. Auch die Gesundheit wog nicht schwer; jeder war so gesund als er sich fühlte, mancher Kranke blühte bis kurz vor dem Ende vor Lebenslust, und mancher Gesunde welkte angstvoll in Furcht vor Leiden hin. Glück aber war überall da, wo ein Mensch starke Gefühle hatte und ihnen lebte, sie nicht vertrieb und vergewaltigte, sondern pflegte und genoß. Schönheit beglückte nicht den, der sie besaß, sondern den, der sie lieben und anbeten konnte.

Es gab vielerlei Gefühle, scheinbar, aber im Grunde waren sie eins. Man kann alles Gefühl Willen nennen, oder wie immer. Ich nenne es Liebe. Glück ist Liebe, nichts anderes. Wer lieben kann, ist glücklich. Jede Bewegung unserer Seele, in der sie sich selber empfindet und ihr Leben spürt, ist Liebe. Glücklich ist also der, der viel zu lieben vermag. Lieben aber und Begehren ist nicht ganz dasselbe. Lieben ist weise gewordene Begierde; Liebe will nicht haben; sie will nur lieben.

...

Jedenfalls: das Innerste in uns begehrt Glück, begehrt einen wohltuenden Zusammenklang mit dem, was außer uns ist. Dieser Klang wird gestört, sobald unser Verhältnis zu irgendeinem Ding ein anders ist als Liebe. Es gibt keine Pflicht des Liebens, es gibt nur eine Pflicht des Glücklichseins. Dazu allein sind wir auf der Welt. Und mit aller Pflicht und aller Moral und allen Geboten macht man einander selten glücklich, weil man sich selbst damit nicht glücklich macht. Wenn der Mensch „gut" sein kann, so kann er es nur, wenn er glücklich ist, wenn er Harmonie in sich hat. Also wenn er liebt.

Und das Unglück in der Welt, und das Unglück bei mir selber kam also daher, daß das Lieben gestört war. Von hier aus wurden mir die Sprüche im Neuen Testament plötzlich wahr und tief. „So ihr nicht werdet wie die Kinder" – oder „Das Himmelreich ist inwendig in euch".

Dies war die Lehre, die einzige Lehre in der Welt. Dies sagte Jesus, dies sagte Buddha, dies sagte Hegel, jeder in seiner Theologie. Für jeden ist das einzig Wichtige auf der Welt sein eigenes Innerstes – seine Seele – seine Liebesfähigkeit. Ist die in Ordnung, so mag man Hirse oder Kuchen essen, Lumpen oder Juwelen tragen, dann klang die Welt mit der Seele rein zusammen, war gut, war in Ordnung.

Hermann Hesse: Martins Tagebuch

Des Königs Münster

Es war einmal ein König, der erbaute ein prachtvolles Münster zur Ehre und zum Lobe Gottes und durfte niemand zu diesem Bau einen Heller beisteuern, nach des Königs ausdrücklichem Gebot, sondern er wollte es ganz aus dem eigenen Schatz erbauen. Und so geschah es auch und das Münster war vollendet, schön und würdig, mit aller Pracht und aller Zier. Und da ließ der König eine große marmorne Tafel zurichten, in diese ließ er mit goldenen Buchstaben eine Schrift graben, daß er, der König, allein den Dom erbaut habe, und niemand habe dazu beigesteuert. Aber als die Tafel einen Tag und eine Nacht lang aufgerichtet war, so war in der Nacht die Schrift verändert, und statt des Königs Namen stand ein anderer Name darauf und zwar der Name einer armen Frau, so daß es nun lautete, als habe *sie* das ganze prächtige Münster erbaut. Das verdroß den König mächtig; er ließ den Namen austilgen, und den seinigen wieder einschreiben. Aber über Nacht stand wieder der Name jener armen Frau auf der Tafel, und jedermann las, daß *sie* des Münsters Stifterin sei. Und zum dritten Male ward des Königs Name auf die Tafel geschrieben, und zum dritten Male verschwand er, und jener kam zum Vorschein. Da merkte der König, daß hier Gottes Finger schreibe, demütigte sich, und ließ nach der Frau forschen und sie vor seinen Thron heischen. Voll Angst und erschrocken trat sie vor den König, der sprach zu ihr: „Frau, es geben sich wunderliche Dinge, sage mir bei Gott und deinem Leben die Wahrheit! Hast du mein Gebot nicht vernommen, daß niemand zu dem Münster geben solle? Oder hast du doch dazu gegeben?" Da fiel das Weib dem Könige zu Füßen und sprach: „Gnade, mein Herr und König! Ich will alles auf deine Gnade bekennen! Ich bin ein ganz armes Weib; ich muß mich kümmerlich mit Spinnen ernähren, daß mich der Hunger nicht ertötet, und da hatte ich doch ein Hellerlein erübrigt, das mocht ich gar zu gerne darbringen zu deinem Tempelbau und Gott zu ehren, aber ich fürchtete, o Herr, deinen Bann und deine harte Bedräuung, und da kaufte ich um das Hellerlein ein Bündelein Heu, das streute ich auf die Straße den Ochsen hin, welche die Steine zu deinem Münster zogen, und sie fraßen es. So tat ich nach meinem Willen und ohne dein Gebot zu verletzen."

Da ward der König mächtig bewegt von der Frauen Rede, und sah, wie Gott der Herr ihren reinen Sinn gewürdigt und ihn als höheres Opfer angenommen, wie des Königs reichen Schatz. Und der König begabte die arme Frau reichlich und nahm sich die Strafe seiner Eitelkeit wohl zu Herzen.

Bechsteins Märchen

Das Rotkehlchen

Das Rotkehlchen folgte dem ganzen Schauspiel mit Augen, die sich vor Entsetzen weiteten. Es konnte die Blicke nicht mehr von den drei Unglücklichen wenden.

„Wie grausam die Menschen sind!" sagte der Vogel nach einem Weilchen. „Es ist ihnen nicht genug, daß sie diese armen Wesen ans Kreuz nageln, nein, auf dem Kopfe des einen haben sie eine Krone aus stechenden Dornen befestigt."

„Ich sehe, daß die Dornen seine Stirn verwundet haben und das Blut fließt", fuhr er fort. „Und dieser Mann ist so schön und sieht mit so milden Blicken um sich, daß jeder ihn lieben müßte. Mir ist, als ginge eine Pfeilspitze durch mein Herz, wenn ich ihn leiden sehe."

Der kleine Vogel begann immer stärkeres Mitleid mit dem Dornengekrönten zu fühlen. Wenn ich mein Bruder, der Adler wäre, dachte er, würde ich die Nägel aus seinen Händen reißen und mit meinen starken Klauen alle die Leute verscheuchen, die ihn peinigen.

Er sah, wie das Blut auf die Stirn des Gekreuzigten tropfte, und da vermochte er nicht mehr still in seinem Neste zu bleiben.

Wenn ich auch nur klein und schwach bin, so muß ich doch etwas für diesen armen Gequälten tun können, dachte der Vogel, und er verließ sein Nest und flog hinaus in die Luft, weite Kreise um den Gekreuzigten beschreibend.

Er umkreiste ihn mehrere Male, ohne daß er sich näher zu kommen traute, denn er war ein scheuer kleiner Vogel, der es nie gewagt hätte, sich einem Menschen zu nähern. Aber allmählich faßte er Mut, flog ganz nahe hinzu und zog mit seinem Schnabel einen Dorn aus, der in die Stirn des Gekreuzigten gedrungen war. Aber während er dies tat, fiel ein Tropfen von dem Blute des Gekreuzigten auf die Kehle des Vogels. Der verbreitete sich rasch und färbte alle die kleinen zarten Brustfedern.

Selma Lagerlöf: Die schönsten Legenden

Vor dem Antlitz der Ewigkeit

Das Leben in der Arena war ein stummes Schauspiel, eine Pantomime mit Stürzen, Ohrfeigen Fußtritten – ein endloses Stoßen und Auffangen von Stößen, Treten und Getretenwerden. Und bei dieser schmachvollen und erniedrigenden Rigolade gewann man die Gunst des Publikums. „Der beliebte Clown!" Seine besondere Aufgabe war, die Irrtümer und Sinnlosigkeiten allen Wahnsinn und alle Mißverständnisse, die wie Seuchen die Menschheit quälen, wiederzuerwecken und darzustellen. Die Albernheit selbst, Gestalt geworden in der Manege, das begriff auch der dümmste Einfaltspinsel. Nichts zu verstehen, wo alles klar am Tage liegt, den Trick nicht zu erfassen, wenn er auch tausendmal vorgespielt wird, wie ein Blinder zu tappen, wo die Richtung überall deutlich angezeigt ist, immerfort an der Tür zu rütteln, obwohl mit großen Lettern darauf geschrieben steht: „Gefahr", mit dem Kopf voran in den Spiegel zu laufen, statt ihn zu umgehen, von der falschen Seite in das Gewehr zu schauen – ein geladenes Gewehr – niemals würde das Publikum aufhören, an diesen Sinnlosigkeiten seinen Gefallen zu finden, denn seit Jahrtausenden täuschten sich die Menschen über den richtigen Weg, endete ihr Suchen und Fragen in derselben Sackgasse. Dem Meister der Albernheit stand die Zeit in ihrer Gänze als Repertoire zur Verfügung. Er streckte die Waffen nur vor dem Antlitz der Ewigkeit ...

Henry Miller: Das Lächeln am Fuße der Leiter.

Der Mann mit den Bäumen

Nach dem Mittagsmahl nahm er seine Arbeit wieder auf. Ich muß sehr hartnäckig gewesen sein bei meinem Ausfragen, daß er darauf antwortete. Seit drei Jahren pflanzte er Bäume in dieser Einsamkeit. Er hatte bereits 100 000 gepflanzt. Von den 100 000 hatten 20 000 getrieben. Von diesen 20 000, so rechnete er, werde er noch die Hälfte verlieren durch die Nagetiere oder durch Umstände, die nicht vorauszusehen sind in den Plänen der Vorsehung. Es blieben also 10 000, die hervorsproßten, da, wo es vorher nichts gegeben hatte.

...

Nach fünf Stunden Marsch hatte ich noch immer kein Wasser gefunden, und nichts konnte mir die Hoffnung geben, welches zu finden. Überall die gleiche Trockenheit, die gleichen dürren Gräser. Da sah ich in der Ferne eine kleine schwarze Silhouette. Ich hielt sie für den Stumpf eines einsamen Baumes. Auf gut Glück ging ich auf ihn zu. Es war ein Hirte. Etwa fünfzig Schafe lagerten auf der heißen Erde und ruhten sich neben ihm aus.

Er gab mir zu trinken aus seiner Kürbisflasche, und dann führte er mich zu seiner Hütte in einer Mulde der Hochebene. Er holte Wasser, kostbares, aus einer sehr tiefen Zisterne; darüber hatte er eine primitive Winde eingerichtet.

Dieser Mann sprach wenig. Das ist eben so bei einsamen Menschen; aber man spürte, daß er seiner sicher war und dieser Sicherheit vertraute. Das war ungewöhnlich in dieser Einöde. Er wohnte nicht in einer Schäferhüte, sondern in einem Steinhaus, und man sah genau, wie durch seine Arbeit die Ruine, die er bei seiner Ankunft angetroffen hatte, ausgebessert worden war. Das Dach war solid und wasserdicht. Der Wind, der an den Dachsteinen rüttelte, klang wie das Rauschen des Meeres am Strand. Sein Haushalt war aufgeräumt, das Geschirr gewaschen, der Boden gekehrt, sein Wetzstahl eingeschmiert. Die Suppe kochte auf dem Herd. Ich bemerkte, daß er ebenfalls frisch rasiert war, daß all seine Knöpfe gut angenäht waren, seine Kleider geflickt mit der peinlichen Sorgfalt, welche die Flicken unsichtbar macht.

Er teilte seine Suppe mit mir wie ich ihm nachher meinen Tabaksbeutel anbot; aber er sagte, er rauche nicht. Sein Hund, ebenso schweigsam wie der Meister, war wohlwollend ohne Unterwürfigkeit.

Man war sogleich übereingekommen, daß ich die Nacht über dableiben sollte; das nächste Dorf war mehr als eine Tagesreise von hier entfernt ...

Der Hirte, der nicht rauchte, holte einen kleinen Sack und schüttete einen Haufen Eicheln auf den Tisch. Er machte sich daran, sie genau zu untersuchen, indem er die guten von den schlechten ausschied. Ich rauchte meine Pfeife. Ich bot mich an, ihm zu helfen. Aber er meinte, das sei schon sein Geschäft. Und in der Tat: In Anbetracht der Sorgfalt, die er für diese Arbeit aufwandte, insistierte ich nicht. Damit erschöpfte sich unsere ganze Unterhaltung! Als er einen ziemlich großen Haufen guter Eicheln auf der Seite hatte, zählte er sie ab in Gruppen von zehn. Dabei schied er noch die kleinen aus und die, welche leichte Risse hatten; denn er prüfte sie sehr genau. Als er endlich hundert vollkommene Eicheln vor sich hatte, hörte er auf, und wir gingen schlafen.

Dieser Mensch verbreitete Frieden um sich. Am andern Morgen fragte ich ihn, ob ich noch den ganzen Tag bei ihm ausruhen dürfe. Er befand das ganz natürlich, oder vielmehr, er erweckte den Eindruck, daß nichts ihn zu stören vermöge. Ich hatte diesen Ruhetag nicht unbedingt nötig, aber ich war neugierig und wollte noch mehr erfahren. Er trieb seine Herde aus dem Stall und führte sie auf die Weide. Vor dem Weggehen tränkte er den Sack mit den sorgfältig ausgewählten und gezählten Eicheln in einem Eimer Wasser.

Ich beobachtete, daß er an Stelle eines Steckens eine Eisenstange mitnahm, so dick wie der Daumen und ungefähr anderthalb Meter lang. Gemütlich wandernd schlug ich einen Weg ein, parallel dem seinen. Die Weide für seine Tiere befand sich in einer Mulde. Er überließ seine kleine Herde der Obhut des Hundes und ging den Hügel hinan, wo ich mich befand. Ich fürchtete, er käme, um mir Vorwürfe zu machen wegen meiner Neugierde, aber keine Spur davon: das war sein Weg, und er lud mich ein, ihn zu begleiten, wenn ich nichts Besonderes vorhätte. Er stieg noch zweihundert Meter höher hinauf.

Als er angekommen war da, wo er hin wollte, begann er, seinen Eisenstab in die Erde zu stoßen. So machte er ein Loch und legte eine Eichel hinein, dann machte er es wieder zu. Er pflanzte Eichen. Ich fragte ihn, ob das Land ihm gehörte. Nein, antwortete er. Ob er wisse, wem es denn gehöre. Er wußte es nicht. Er vermutete, daß es Gemeindeland sei, oder dann gehöre es Leuten, die sich nicht darum kümmern. Ihn focht es nicht an, daß er die Besitzer nicht kannte. Er setzte so hundert Eicheln mit größter Sorgfalt.

Jean Giono: Der Mann mit den Bäumen

Es wird sein als lachten alle Sterne

Er antwortete nicht auf meine Frage, fuhr aber fort:
„Auch ich werde heute nach Hause zurückkehren ...“
Dann schwermütig:
„Das ist viel weiter... Das ist viel schwieriger ...“
„Ich werde heute abend noch viel mehr Angst haben
...“
Wieder lief es mir eisig über den Rücken bei dem Gefühl
des Unabwendbaren. Dieses Lachen nie mehr zu hören –
ich begriff, daß ich den Gedanken nicht ertrug. Es war für
mich wie ein Brunnen in der Wüste.
„Kleines Kerlchen, ich will dich noch lachen hören ...“
Aber er sagte zu mir:
„Diese Nacht wird es ein Jahr. Mein Stern wird sich ge-
rade über dem Ort befinden, wo ich letztes Jahr gelandet
bin ...“
„Kleines Kerlchen, ist sie nicht ein böser Traum, diese
Geschichte mit der Schlange und der Vereinbarung auf
dem Stern ...
Aber er antwortete nicht auf meine Frage und sagte: (...)
„Du wirst in der Nacht die Sterne anschauen. Mein Zu-
hause ist zu klein, um dir zeigen zu können, wo es umgeht.
Es ist besser so. Mein Stern wird für dich einer der Sterne
sein. Dann wirst du alle Sterne gern anschauen ... Alle
werden sie deine Freunde sein. Und dann werde ich dir ein
Geschenk machen ...“
Er lachte noch.
„Ach! kleines Kerlchen, kleines Kerlchen! Ich höre die-
ses Lachen so gern!“
„Gerade das wird mein Geschenk sein ... Es wird sein
wie mit dem Wasser ...“
„Was willst du sagen?“
„Die Leute haben Sterne, aber es sind nicht die gleichen.
Für die einen, die reisen, sind die Sterne Führer. Für andere
sind sie nichts als kleine Lichter. Für wieder andere, die
Gelehrten, sind sie Probleme. Für meinen Geschäftsmann

waren sie Gold. Aber alle diese Sterne schweigen. Du, du wirst Sterne haben, wie sie niemand hat ..."

„Was willst du sagen?"

„Wenn du bei Nacht den Himmel anschaust, wird es dir sein, als lachen alle Sterne, weil ich auf einem von ihnen wohne, weil ich auf einem von ihnen lache. Du allein wirst Sterne haben, die lachen können."

Und er lachte wieder.

„Und wenn du dich getröstet hast (man tröstet sich immer) wirst du froh sein, mich gekannt zu haben. Du wirst immer mein Freund sein. Du wirst Lust haben, mit mir zu lachen. Und du wirst manchmal dein Fenster öffnen, gerade so, zum Vergnügen ... Und deine Freunde werden sehr erstaunt sein, wenn sie sehen, daß du den Himmel anblickst und lachst. Dann wirst du ihnen sagen: ‚Ja, die Sterne, die bringen mich immer zum Lachen!' Und sie werden dich für verrückt halten. Ich werde dir einen hübschen Streich gespielt haben ..."

Und er lachte wieder.

„Es wird sein, als hätte ich dir statt der Sterne eine Menge kleiner Schellen geschenkt, die lachen können ..."

Antoine de Saint-Exupéry: Der kleine Prinz

„Das Leben der Wolken ist Trennung"

Vom Loslassen und der Verwandlung

Wir alle wissen, wie schwer es uns fällt loszulassen, Abschied zu nehmen von Liebgewordenem, etwas aufzugeben. Schon bei Kleinigkeiten, die wir loslassen sollen, sträuben wir uns innerlich und gehen in Widerstand, mag das nun ein versäumter Zug sein, ein verschobener Termin, oder ein Restaurant ist plötzlich geschlossen ...

Da haben wir Zukunftspläne gehabt, Beziehungen zu Menschen, eine wichtige Arbeit, und dann müssen wir sie loslassen und spüren, wieviel wir damit auch von uns selbst loslassen müssen. Wir erleben dann Auflehnung, Enttäuschung, Trauer, Wut, Ärger, oder wir geraten in eine Sinnkrise.

Wenn wir versuchen, uns in den Schwerkranken oder Sterbenden hineinzuspüren, wenn es uns gelingt, uns gedanklich ein wenig in seine Lage zu versetzen, können wir vielleicht erahnen, wie viel an kleinen und an großen Dingen er loslassen muß. Wie ein Baum im Herbst nach und nach all seine Blätter loslassen muß, muß er all die Dinge, die ihn mit dem Leben verbinden, loslassen, oftmals bis hin zu den gewohnten und lebensnotwendigen Körperfunktionen. Das kann ein langer und schmerzhafter Weg sein, der dazu häufig noch von einer besonderen Art der Einsamkeit begleitet wird, weil der oder die Sterbende etwas erlebt, was all die Menschen um ihn her nicht wirklich nachvollziehen können. Vielleicht kann ihn in dieser schweren Zeit eine Gedichtzeile oder ein Satz tiefer und näher berühren als die lebenden Menschen um ihn her.

Laß vergehen

Laß vergehen,
was vergeht!
Es vergeht,
um wiederzukehren,
es altert,
um sich zu verjüngen,
es trennt sich,
um sich inniger
zu vereinen,
es stirbt,
um lebendiger
zu werden.

Friedrich Hölderlin: Werke

Aber der Baum entläßt sie nicht

Stets hat es mich gefreut und mir imponiert, mit welcher Zähigkeit meine kleine Buche ihre Blätter festhält. Wenn alles längst kahl ist, steht sie noch im Kleide ihrer welken Blätter, den Dezember, den Januar, den Februar hindurch, Sturm zerrt an ihr, Schnee fällt auf sie und tropft wieder von ihr ab, die dürren Blätter, anfangs dunkelbraun, werden immer heller, dünner, seidiger, aber der Baum entläßt sie nicht, sie müssen die jungen Knospen schützen. Irgend einmal dann in jedem Frühling, jedesmal später, als man es erwartete, war eines Tages der Baum verändert, hatte das alte Laub verloren und statt seiner die feucht beflogenen, zarten neuen Knospen aufgesetzt. Diesmal nun war ich Zeuge dieser Verwandlung. Es war bald, nachdem der Regen die Landschaft grün und frisch gemacht hatte, eine Stunde am Nachmittag, um die Mitte des April, noch hatte ich in diesem Jahr keinen Kuckuck gehört und keine Narzisse in der Wiese entdeckt. Vor wenigen Tagen noch war ich bei kräftigem Nordwind hier gestanden, fröstelnd und

71

den Kragen hochgeschlagen, und hatte mit Bewunderung zugesehen, wie die Buche gleichmütig im zerrenden Winde stand und kaum ein Blättchen hingab; zäh und tapfer, hart und trotzig hielt sie ihr gebleichtes altes Laub zusammen. Und jetzt, heute, während ich bei sanfter windstiller Wärme bei meinem Feuer stand und Holz brach, sah ich es geschehen: es erhob sich ein leiser sanfter Windhauch, ein Atemzug nur, und zu Hunderten und Tausenden wehten die so lang gesparten Blätter dahin, lautlos, leicht, willig, müde ihrer Ausdauer, müde ihres Trotzes und ihrer Tapferkeit. Was fünf, sechs Monate festgehalten und Widerstand geleistet hatte, erlag in wenigen Minuten einem Nichts, einem Hauch, weil die Zeit gekommen, weil die bittere Ausdauer nicht mehr nötig war. Hinweg stob und flatterte es, lächelnd, reif, ohne Kampf. Das Windchen war viel zu schwach, um die so leicht und dünn gewordenen kleinen Blätter weit weg zu treiben, wie ein leiser Regen rieselten sie nieder und deckten Weg und Gras zu Füßen des Bäumchens, von dessen Knospen ein paar wenige schon aufgebrochen und grün geworden waren. Was hatte sich mir nun in diesem überraschenden und rührenden Schauspiel offenbart? War es der Tod, der leicht und willig vollzogene Tod des Winterlaubes? War es das Leben, die drängende und jubelnde Jugend der Knospen, die sich mit plötzlich erwachtem Willen Raum geschaffen hatte? War es traurig, war es erheiternd? War es eine Mahnung an mich, den Alten, mich auch flattern und fallen zu lassen, eine Mahnung daran, daß ich vielleicht Jungen und Stärkeren den Raum wegnahm? Oder war es eine Aufforderung, es zu halten wie das Buchenlaub, mich so lang und zäh auf den Beinen zu halten wie nur möglich, mich zu stemmen und zu wehren, weil dann, im rechten Augenblick, der Abschied leicht und heiter sein werde? Nein, es war, wie jede Schauung, ein Sichtbarwerden des Großen und Ewigen, des Zusammenfalls der Gegensätze, ihres Zusammenschmelzens im Feuer der Wirklichkeit, es bedeutete nichts, mahnte zu nichts, vielmehr es bedeutete alles, es bedeutete das Geheimnis des Seins, und es war schön, war Glück, war Sinn, war Geschenk und Fund für den Schauenden, wie es ein Ohr voll Bach, ein Auge voll Cézanne ist. Diese Namen und Deutungen waren nicht das Erlebnis, sie kamen erst nachher, das Erlebnis selbst war nur Erscheinung, Wunder, Geheimnis, so schön wie ernst, so hold wie unerbittlich.

Hermann Hesse: Aprilbrief

Eingehen ins Licht

„Eingehen". Nun ist mein scheinbar krankes Orangenbäumchen doch nicht eingegangen. Eingegangen. Eingehen. Pflanzen können eingehen. Wohin? Heim, in die Große Mutter Natur. Was für eine Tiefe hat dies von uns so gedankenlos gebrauchte Wort.

In Todesanzeigen von Firmen steht oft: „Wir bedauern den Heimgang unseres Mitarbeiters ..." Heimgang. Heim. Wo ist dieses Heim? Was stellen sich die Leute unter diesem Wort vor? Tiere gehen ein, Menschen gehen heim.

Als mein Hund Vanno eingeschläfert werden mußte, tröstete mich Ingeborg: „Wein nicht; er ist jetzt beim Großen Hund."

Eingehen, Wieder-Eingehen ins Ganze. In die Natur, in die Tierheit, in die Ur-Pflanze (anders vielleicht als Goethe es meinte). Und der Mensch? Eingehen ins Licht, aus dem er hervorging. Der ewige Kreislauf. Auf- und untergehende Sonne. Heimkehr, Wiederkehr, erneute Heimkehr, erneute Wiederkehr. Warum Tränen?

Luise Rinser: Wir Heimatlosen

Eine Träne und ein Lächeln

Wenn der Abend kommt, schließt die Blume ihre Blütenblätter über ihrer Sehnsucht und schläft ein. Sobald der Morgen naht, öffnet sie ihre Lippen dem Kuß der Sonne. Das Leben der Blume ist Sehnsucht und Erfüllung, eine Träne und ein Lächeln.

Das Wasser des Meeres verdunstet, steigt auf und verdichtet sich zu Wolken, die über Hügel und Täler dahinziehen. Begegnen sie dem Wind, sinken sie weinend auf die Felder hinab, verneigen sich mit den Flüssen und kehren ins Meer zurück – zu ihrem Ausgangspunkt. Auch das Leben der Wolken ist Trennung und Begegnung, eine Träne und ein Lächeln.

Ebenso ist es mit der Seele. Sie trennt sich vom unendlichen Geist und begibt sich in die Materie. Dort schwebt sie wie eine Wolke über den Bergen der Traurigkeit und den Tälern der Freuden, bis sie dem Hauch des Todes begegnet. Dann kehrt sie zurück, woher sie kam, zum Meer der Liebe und der Schönheit, zu Gott ...

Khalil Gibran: Eine Träne und ein Lächeln

Die Geschichte von der Sandwüste

Ein Strom floß von seinem Ursprung in fernen Gebirgen durch sehr verschiedene Landschaften und erreichte schließlich die Sandwüste. Genauso wie er alle anderen Hindernisse überwunden hatte, versuchte der Strom nun auch, die Wüste zu durchqueren. Aber er merkte, daß – so schnell er auch in den Sand fließen mochte – seine Wasser verschwanden.

Er war jedoch überzeugt davon, daß es seine Bestimmung sei, die Wüste zu durchqueren, auch wenn es keinen Weg gab. Da hörte er, wie eine verborgene Stimme, die aus der Wüste kam, ihm zuflüsterte: „Der Wind durchquert die Wüste, und der Strom kann es auch."

Der Strom wandte ein, daß er sich doch gegen den Sand werfe, aber dabei nur aufgesogen würde; der Wind aber kann fliegen, und deshalb vermag er die Wüste zu überqueren.

„Wenn du dich auf die gewohnte Weise vorantreibst, wird es dir unmöglich sein, sie zu überqueren. Du wirst entweder verschwinden, oder du wirst ein Sumpf. Du mußt dem Wind erlauben, dich zu deinem Bestimmungsort hinüberzutragen."

Aber wie sollte das zugehen? „Indem du dich von ihm aufnehmen läßt."

Diese Vorstellung war für den Fluß unannehmbar. Schließlich war er noch nie zuvor aufgesogen worden. Er wollte keinesfalls seine Eigenart verlieren. Denn wenn man sich einmal verliert, wie kann man da wissen, ob man sich je wiedergewinnt.

„Der Wind erfüllt seine Aufgabe", sagte der Sand. „Er nimmt das Wasser auf, trägt es über die Wüste und läßt es dann wieder fallen. Als Regen fällt es hernieder, und das Wasser wird wieder ein Fluß."

„Woher kann ich wissen, ob das wirklich wahr ist?"

„Es ist so, und wenn du es nicht glaubst, kannst du eben nur ein Sumpf werden. Und auch das würde viele, viele Jahre dauern; und es ist bestimmt nicht dasselbe wie ein Fluß."

„Aber kann ich nicht derselbe Fluß bleiben, der ich jetzt bin?"

„In keinem Fall kannst du bleiben, was du bist", flüsterte die geheimnisvolle Stimme. „Was wahrhaft wesentlich an dir ist, wird fortgetragen und bildet wieder einen Strom. Heute wirst du nach dem genannt, was du jetzt gerade bist, doch du weißt nicht, welcher Teil deines Selbst der Wesentliche ist."

Als der Strom dies alles hörte, stieg in seinem Innern langsam ein Widerhall auf. Dunkel erinnerte er sich an einen Zustand, in dem der Wind ihn – oder einen Teil von ihm? War es so? – auf seinen Schwingen getragen hatte. Er erinnerte sich auch daran, daß *dieses*, und nicht das jedermann Sichtbare, das Eigentliche war, was zu tun wäre – oder tat er es schon?

Und der Strom ließ seinen Dunst aufsteigen in die Arme des Windes, der ihn willkommen hieß, sachte und leicht aufwärts trug und ihn, sobald sie nach vielen, vielen Meilen den Gipfel des Gebirges erreicht hatten, wieder sanft herabfallen ließ. Und weil er voller Be-Denken gewesen war, konnte der Strom nun in seinem Gemüte die Erfahrungen in allen Einzelheiten viel deutlicher festhalten und erinnern und davon berichten. Er erkannte: „Ja, jetzt bin ich wirklich ich selbst."

Der Strom lernte. Aber die Sandwüste flüsterte: „Wir wissen, weil wir sehen, wie es sich Tag für Tag ereignet: denn wir, die Sandwüste, sind immer dabei, das ganze Flußufer entlang, bis hin zum Gebirge."

Und deshalb sagt man, daß der Weg, den der Strom des Lebens auf seiner Reise einschlagen muß, in den Sand geschrieben ist.

Idries Shah: Das Geheimnis der Derwische

Der Garten

Beim ersten mühsamen Umgraben des Bodens erschienen Engerlinge, Käfer, Larven und Gespinste, die wir im Grimm vertilgen. In vertraulicher Nähe aber singt die Amsel und plaudern die Meisen. Mit jeder Stunde wird das alles uns wieder mehr vertraut, wir ahnen überall den Sommer, und wir schütteln den Kopf und begreifen nicht mehr, wie wir den langen, dumpfen Winter haben aushalten können. Ist es nicht ein Elend, fünf lange, dunkle Monate ohne Garten, ohne Duft, ohne Blumen, ohne grünes Laub! Aber nun beginnt das alles wieder, und wenn auch heute der Garten noch öde liegt, so ist für den, der darin arbeitet, doch alles im Keim und in der Vorstellung schon da. Die Beete haben Leben, hier wird lichtgrüner Lattich stehen, da die lustigen Erbsen, dort die Erdbeeren. Wir ebnen den gegrabenen Boden, ziehen schöne, glatte Reihen nach der Schnur, worein die Samen kommen sollen, und in den Blumenbeeten verteilen wir voraussehend die Farben und Formen, häufen Blau und Weiß, schmettern ein lachendes Rot dazwischen, säumen die Pracht hier mit Vergißmeinnicht und dort mit Reseden ein, sparen nicht mit dem leuchtenden Kapuziner und lassen auch, an einen sommerlichen Imbiß und Weintrunk unter den Kastanien denkend, hier und dort Platz für ein Büschel Radieschen.

Und mit der fortschreitenden Arbeit legen sich die törichten Freudewogen und werden ruhig, und wunderlich ergreift uns dies kleine, harmlose Gartenwesen mit Anklängen und Gedanken anderer Art. Es ist ja etwas von Schöpferlust und Schöpferübermut beim Gartenbau, man kann ein Stückchen Erde nach seinem Kopf und Willen gestalten, man kann sich für den Sommer Lieblingsfrüchte, Lieblingsfarben, Lieblingsdüfte schaffen. Man kann ein kleines Beet, ein paar Quadratmeter nackten Bodens zu einem lachenden Gewoge von Farben, zu einem lieben Paradiesgärtchen machen. Allein es hat doch seine engen Grenzen. Schließlich muß man mit allen Gelüsten und aller Phantasie doch wollen, was die Natur will, und muß sie machen und sorgen lassen. Und die Natur ist unerbittlich. Sie läßt sich etwas abschmeicheln, läßt sich scheinbar einmal überlisten, aber nachher fordert sie desto strenger ihre Rechte.

Hermann Hesse: Im Garten

Auch die Blumen

Auch die Blumen leiden den Tod,
Die doch ohne Schuld sind.
So auch ist unser Wesen rein
Und leidet nur Schmerz,
Wo es sich selber nicht mag verstehn.
Was wir Schuld genannt,

Ist von Sonne aufgesogen,
Kommt längst aus reinen Kelchen der Blumen
Uns entgegen als Duft und rührender Kinderblick.

Und wie die Blumen sterben,
So sterben auch wir
Nur den Tod der Erlösung,
Nur den Tod der Wiedergeburt.

Hermann Hesse: Die Gedichte

Das Märchen vom Bambus

Es war einmal ein wunderschöner Garten, der lag im Westen des Landes, mitten in einem großen Königreich. Dort pflegte der Herr des Gartens in der Hitze des Tages spazierenzugehen. Ein edler Bambusbaum war ihm der schönste und liebste von allen Bäumen, Pflanzen und Gewächsen im Garten. Jahr für Jahr wuchs dieser Bambus und wurde immer anmutiger. Er wußte wohl, daß der Herr ihn liebte und seine Freude an ihm hatte.

Eines Tages näherte sich der Herr nachdenklich seinem geliebten Bambus, und in einem Gefühl großer Verehrung neigte sich der Bambus zur Erde. Der Herr sprach zu ihm: „Lieber Bambus, ich brauche dich." Es schien, als sei der Tag aller Tage gekommen, der Tag, für den der Baum geschaffen worden war. Der Bambus antwortete leise: „Herr, ich bin bereit. Gebrauche mich, wie du willst!"

„Bambus", die Stimme des Herrn war ernst, „um dich zu gebrauchen, muß ich dich beschneiden!"

„Mich beschneiden? Mich – den du, Herr, zum schönsten in deinem Garten gemacht hast! Nein, das nicht, bitte nicht! Verwende mich doch zu deiner Freude, Herr, aber bitte beschneide mich nicht!"

„Mein geliebter Bambus", die Stimme des Herrn wurde noch ernster, „wenn ich dich nicht beschneide, kann ich dich nicht gebrauchen."

Im Garten wurde es ganz still. Der Wind hielt den Atem an. Langsam beugte sich der Bambus. Dann flüsterte er: „Herr, wenn du mich nicht gebrauchen kannst, ohne mich zu beschneiden, dann – tu mit mir, wie du willst, und beschneide mich."

„Mein geliebter Bambus, ich muß dir aber auch deine Blätter und Äste abschneiden."

„Ach Herr, davor bewahre mich! Zerstöre meine Schönheit – aber laß mir doch bitte Blätter und Äste!"

Der Herr antwortete: „Wenn ich sie dir nicht abschneide, kann ich dich nicht gebrauchen."

Die Sonne versteckte ihr Gesicht. Ein Schmetterling flog ängstlich davon. Und der Bambus, zitternd vor dem, was auf ihn zukam, sagte ganz leise: „Herr, schlage sie ab."

„Mein Bambus, ich muß dir noch mehr antun. Ich muß deinen Stamm teilen. Wenn ich das nicht tue, kann ich dich nicht gebrauchen."

Da neigte sich der Bambus zur Erde: „Herr, schneide und teile."

So beschnitt der Herr des Gartens den Bambus, hieb seine Äste ab, streifte seine Blätter ab, teilte ihn in zwei Teile, drang bis ins Mark. Dann trug er ihn dahin, wo schon aus einer Quelle frisches, sprudelndes Wasser sprang, mitten in die trockenen Felder. Dort legte der Herr vorsichtig seinen geliebten Bambus auf den Boden. Das eine Ende des abgeschlagenen Stammes verband er mit der Quelle, das andere führte er zu der Wasserrinne im Feld. Die Quelle sang ein Willkommen, und das klare, glitzernde Wasser schoß freudig durch den zerschlagenen Körper des Bambus in den Kanal und floß auf die dürren Felder, die so darauf gewartet hatten. Dann wurde der Reis gepflanzt, und die Tage vergingen, die Saat ging auf, wuchs, und die Erntezeit kam.

So wurde der einst so herrliche Bambus zum großen Segen. Als er noch groß und schön war, wuchs er nur für sich selbst und freute sich an der eigenen Schönheit, aber als er sich hingegeben hatte, wurde er zum Kanal, den der Herr gebrauchte, um sein Land fruchtbar zu machen.

George Dell Britt: Der Bambus

Wir sterben ja nicht nur einmal

Alles Leben wandelt sich. Jede Veränderung ist der Tod des Bisherigen und die Geburt des Neuen. Der Tod ist notwendig, um neuem Leben Raum zu schaffen. Tod ist der Name für das Ende einer Phase und den Beginn einer neuen. Das Sterben des Samenkorns ist die Geburt der Pflanze. Das Sterben der Kindheit ist die Geburt der Jugend. Kein Zustand dauert und kann bleiben, so wie er ist. Leben ist Bewegung, ist etwas Dynamisches, und das einzig Konstante ist der Wandel.

Wir sterben ja nicht nur einmal im Leben, erleiden nicht nur den körperlichen Tod. Wir sterben viele Male. Jeder Verlust im Leben ist ein Sterben, jede Krise, jedes Loslassen, jedes Abschiednehmen von Menschen, Plänen, Wünschen, Ideen. Dieses „Stirb und Werde" im Alltag anzunehmen, bedeutet eigentlich, das Sterben im Leben zu lernen. Denn Geborenwerden und Sterben ist ein immerwährendes Geschehen, zeitlos. „Sie können nicht leben, ohne zu sterben. Sie können nicht leben, wenn Sie nicht in jeder Minute innerlich sterben. Um vollkommen, in ganzer Fülle zu leben, jeden Tag in seiner neuen Schönheit zu erleben, müssen wir uns von allem Gestrigen lösen ..."

In diesem Lichte betrachtet gibt es keinen Tod, nur stetige Wandlung, Wandel der Form. Wir durchschreiten Raum um Raum, um uns vielleicht am Ende selbst zu erkennen, als der oder die wir sind. Unser Selbst und unsere Gottesebenbildlichkeit erkennen ... Darin liegt vielleicht das größte Geheimnis, unauslotbar in seiner Tiefe: Gott ist Mensch geworden. Er verwirklicht sich im Menschen und geht dabei durch ungezählte Geburten und Tode hindurch.

Ernesto Flammer: Die Angst vor dem Sterben verstehen.

Der Ast

Ein Mensch, wie ich, wollte einen hohen Berg besteigen, den „Berg seines Lebens" meistern. Er suchte den Weg des geringsten Widerstands zum Gipfel. Dennoch gelangte er bei seinem Aufstieg in gefährliche Situationen, die er nur mit viel Glück durchstand. Als er sich schon dem Gipfel nahe glaubte, rutschte er ab. Im letzten Moment bekam er einen Ast zu fassen und hing nun über dem gähnenden Abgrund. Der Ast begann zu brechen. In seiner Todesangst und Verzweiflung schrie er zu Gott:

„Wenn es dich gibt, hilf mir!"

Da kam eine Stimme von oben: „Schön, daß du dich an mich erinnerst. Ich bin auch bereit dir zu helfen. Aber willst du dir denn helfen lassen?" Der Ast knackte bedenklich. „Natürlich will ich!" – „Dann bist du sicher auch bereit, etwas zu tun, damit ich dich retten kann?" – „Du siehst doch, wie hilflos ich bin, was kann ich denn noch tun?"

Und Gott antwortete:

„Laß' den Ast los!"

Verfasser unbekannt

„Gott – aber – schwieg"

Von der Angst und der inneren Dunkelheit

Immer wieder begegnen wir als Menschen auch den dunklen Zeiten der Seele, dem Warum, dem Abgrund der Angst und der Verzweiflung. Manche richten die Frage nach dem Warum an Gott, manche an eine undefinierbare Macht, manche an das Schicksal. Besonders Gott gegenüber haben wir Scheu, dieses Warum auszusprechen. Wagen wir aber unsere Verzweiflung, unsere Wut, unser Gefühl von Ungerechtigkeit auszusprechen, ja vielleicht herauszuschreien, dann können wir dies als ein Gespräch, ja sogar als ein Gebet mit Gott erleben. Vielleicht ist es sogar unser erstes ganz aufrichtiges Gebet, das direkt aus unserem Herzen kommt.

Die innere Not, die Bedrängnis durch den Tod macht den sterbenden Menschen oft aggressiv gegenüber den Gesunden. Er hat das Gefühl: Die haben ja gut reden. Die müssen nicht sterben, und rächen sich dann durch Ablehnung, Kälte und ‚Gehässigkeit' für diese Ungerechtigkeit. Eigentlich sehnen sie sich oftmals nach Nähe, aber das Gefühl der Isolation und Ungerechtigkeit, das sie durch die Bedrohung durch den Tod erleben, baut für sie hohe, trennende Mauern auf. Sie fühlen sich als einzige dem Tod ausgeliefert.

Für den sterbenden Menschen, aber auch für uns als Begleiter, ist der ‚bodenlose Abgrund der Angst' am bedrohlichsten. Wir spüren, wir können dieser Angst kaum etwas entgegensetzen. Es hilft nur, wenn wir gemeinsam in diese Angst, in die Dunkelheit hineingehen und sich dadurch in uns auch eine Art Gegenkraft entwickelt. Wir können vorsichtige Schritte wagen, uns diese Urangst vor dem Tod, vor dem Nichts, vor dem eben doch nicht wissen, anzuschauen, uns ihr zu nähern, so daß gleichzeitig auch Vertrauen und Geborgenheit wachsen können. Wir können erfahren: Ja, ich kann dieser Angst begegnen, ohne gleich in ihr zu versinken. Manche finden diese Hilfe über den Abgrund im Glauben, im Vertrauen und Aufgehoben sein in Gott, auch in aller Dunkelheit. Sie spüren, daß sie nicht ins Bodenlose fallen, sondern daß sie irgendwann nach dem langen, scheinbar unendlichen Fall etwas auffängt. Manche erziehen sich gleichsam zu einem Vertrauen, und andere finden Halt und Sinn in der Liebe zu anderen Menschen, die ja bis zuletzt da sein kann.

Im Dunkel der Welt

Gerade und fast herrisch fragte das glühende Kind den alten Mann:

„Aber Gott? Warum duldet er diesen Raub? Warum hilft er uns nicht? Du hast doch gesagt, daß er der Gerechte sei und der Allmächtige? Warum hält er zu den Räubern und nicht zu den Gerechten?"

Alle erschraken. Alle blieben stehen und das Herz stand ihnen gleichzeitig stille im Leibe. Wie eine scharfe Fanfare war die unbändige Frage des Kindes ins Leere der Nacht gefahren, als erklärte dieser eine kleine Knabe Gott den Krieg. Und zornig – denn er schämte sich seines Blutes – herrschte Abthalion seinen Enkel an:

„Schweig und lästere nicht!"

Aber Rabbi Elieser zerschlug ihm das Wort:

„Du schweigst zuerst! Was murrst du gegen das unschuldige Kind? Denn nichts hat sein ahnungsloses Herz anderes gefragt, als was wir täglich und stündlich uns fragen, du und ich und wir alle und die Weisen und Weisesten unseres Volkes von Anfang und Anfang an …

Du hast mich gefragt, mein Kind, aus der Einfalt deines Herzens: warum duldet Gott diesen Frevel an uns und an ihm? Und ich antwortete dir aus der Einfalt meines Geistes, so redlich ich vermag, ich antworte dir: – ich weiß es nicht. Denn wir kennen nicht Gottes Pläne und ahnen nicht seine Gedanken. Aber immer, wenn ich selbst mit ihm rechte in der Torheit meines Schmerzes und im Übermaß unseres gemeinsamen Leidens, dann versuche ich mich zu trösten, indem ich mir sage: vielleicht ist ein Sinn in dem Leiden, das er uns zumißt, und vielleicht büßen wir jeder eine Schuld ...

Vielleicht ist unser wahrer Weg dies, daß wir immer am Wege sind, wehmütig zurückblickend und sehnsüchtig voraus, immer nach Ruhe begehrend und immer doch ruhelos; denn immer ist nur dies ein heiliger Weg, dessen Ziel man nicht kennt und den man beharrlich doch schreitet, so wie wir hier ins Dunkle und Gefährliche schreiten diese Nacht und nicht kennen ihren Ausgang."

Der Knabe lauschte. Aber Rabbi Elieser war zu Ende:

„Nun aber frage nicht mehr. Denn dein Fragen ist weiter als mein Wissen. Warte und gedulde dich: vielleicht antwortet dir Gott einmal aus deinem eigenen Herzen."

Der alte Mann schwieg, und es schwiegen die andern. Still standen sie alle am Wege, und schweigend umhüllte sie die Nacht, und allen war, als stünden sie allein im Dunkel der Welt, jenseits der Zeit.

Stefan Zweig: In: Rahel rechtet mit Gott

Ich habe es laut herausgeschrien

„Mir schien ganz klar, daß Gott versagt hatte. Aber warum? Entweder war er nicht gerecht und nicht allmächtig, oder aber er wollte sich nicht einmischen in unsere Freiheit ...

Ich meinte, Angelika habe eine weitere Möglichkeit vergessen und ich sagte: ,Hast du nicht daran gedacht, daß es diesen Gott vielleicht gar nicht gibt?'"

„Nein", sagte sie, „das konnte ich nicht denken. Für mich war er Wirklichkeit geworden, das war er so sehr, daß ich mit ihm redete, als wäre er bei mir, und das war er ja auch. Ich redete mit ihm in einer Art, die reine Gotteslästerung war, ich war zornig gegen ihn und erbittert, ich habe ihm gesagt, er sei ein ungerechter und grausamer Gott, und er brauche sich nicht zu wundern, wenn wir, seine Ebenbilder, ungerecht und grausam seien. Ich habe noch mehr gesagt, Dinge, die ich nicht wiederholen kann. Damals habe ich dies alles nicht einfach gesagt, ich habe es laut hinausgeschrien, daß es in der Kapelle widerhallte und schließlich hatte ich Angst vor mir selber und manchmal vor Gott, den ich so gefordert hatte. Aber weißt du, ich bin sicher, daß er mich verstanden hat. Es war ihm recht, daß ich so mit ihm gestritten habe. Es war mein erstes wirkliches Gebet. Ich habe ihn zum erstenmal als wirklich existierend erlebt."

Luise Rinser: Geh fort, wenn du kannst

Rahel rechtet mit Gott

Rahel hatte die Stimme aufgehoben, als müßte sie hundert Himmel durchfahren, so entsank nach dem flehenden Anruf ihrer Seele die Kraft. Sie brach in die Knie, das erschütterte Haupt beugte sich nieder zur Erde, und wie ein schwarzrinnend Wasser strömten die Strähnen ihres Haares über den zitternden Leib. – So kniete Rahel und lebte und wartete auf Gottes Antwort.

Gott – aber – schweigt. Und nichts ist furchtbarer auf Erden und in den Himmeln und in den schwebenden Wolken zwischen ihnen denn Gottes Schweigen. Wenn Gott schweigt, dann endet die Zeit und vergehet das Licht, dann ist Tag von Nacht nicht mehr geschieden und in allen Welten nur mehr das Leere des Anbeginns. Was Regung hat, hört auf, sich zu regen, was fließt, stockt in dem Flusse, das Blühende kann nicht mehr blühen, das Meer nicht mehr strömen ohne sein innerlich Wort. Kein irdisches Ohr aber kann es tragen, das Dröhnen dieser Stille, kein irdisches

Herz sich halten wider den Andrang dieses Leeren, darin nur Gott ist und er selbst der Lebendige nicht, solange er schweigt, das Leben alles Lebens.ˑ

Und auch Rahel, auch sie, die Geduldigste, auch sie konnte es nicht ertragen, dieses endlose Schweigen Gottes über ihrer schreienden Not. Noch einmal hob sie ihre Augen wider den Unsichtbaren, noch einmal stieß sie auf ihre mütterlichen Hände, und der Zündstein des Zorns schlug ihr das Wort rot wie einen Funken vom Munde:

„Hast du mich denn nicht gehört, Allgegenwärtiger, hast du mich nicht verstanden, Allverstehender – oder muß ich mein Wort dir noch deuten, ich, deine unkunde Magd? Aber doch ich schwach Weib, ich bezähmte mein Grollen, ich erbarmte mich um deinetwillen … merke es, Gott: wir alle, die wir nur Menschen sind, arm und vergänglich, wir bezwangen das Böse des Neidens – du aber, du Allmächtiger, der alles erschaffen und alles erschöpft, du, aller Wesen Anbeginn und Übermaß, du, dem alles Meer ward, des wir nur Tropfen haben – du wolltest dich nicht erbarmen? Wohl weiß ich's, ein starrnackig Volk ist mein Kindervolk, und immer löcken sie wider dein heilig Joch, aber doch, so du Gott bist und Herr aller Fülle, muß da nicht deine Langmut ihren Übermut übermessen und dein Erbarmen ihre Fehle … nein, Gott, das darf nicht sein, denn so dein Erbarmen nicht ohne Ende ist, dann bist du selber unendlich nicht – dann – bist – du – nicht – Gott. Dann bist du der Gott nicht, den ich schuf aus meinen Tränen und dessen Stimme mich anrief in meiner Schwester geängstetem Schrei – ein Fremdgott dann bist du, ein Zorngott, ein Strafgott, ein Rachegott, und ich, Rahel, ich, die nur den Liebenden liebt und nur dem Barmherzigen diente, ich, Rahel – ich verwerfe dich vor dem Antlitz deiner Engel! Mögen diese hier, mögen deine Erwählten und Propheten sich beugen – siehe, ich, Rahel, die Mutter, ich beuge mich nicht – aufrecht recke ich mich auf und trete in deine eigene Mitte, ich trete zwischen dich und dein Wort. Denn ich will rechten mit dir, ehe du rechtest mit meinen Kindern und so klage ich dich an: dein Wort, Gott, ist Widerspruch wider dein Wesen, und dein zorniger Mund verleugnet dein eigentlich Herz. So richte, Gott, zwischen dir und deinem Wort! Bist du wahrhaft der Zornige, den du kündest, dann wirf auch mich in Finsternis zu meinen Kindern, denn als eines Zorngottes Antlitz will ich das deine nicht schauen, und mich widert die Wut deiner Eifersucht. So du aber der Barmherzige bist, den ich liebte von Anfang an und dessen Lehren ich lebte – dann laß dich endlich erkennen von mir, dann sieh mir ins Antlitz mit dem Leuchten deiner Milde und spare die Kinder, verschone die heilige Stadt."

Nachdem Rahel so das Schwert ihres Wortes in die Himmel gestoßen, brach ihr abermals die Kraft. Sie fiel hin in die Knie, rückgelehnt das Haupt in Erwartung des oberen Wortes, und ihre Lider lagen verschlossen gleich denen einer Toten.

Ängstend aber wichen die Erzväter und Propheten von Rahels Nähe, denn ein Blitz, fürchteten sie, müsse niederfahren auf die Frevlerin, die mit Gott gerechtet. Scheuen Auges starrten sie in die Himmel. Kein Zeichen jedoch kam ihnen zu.

Die Engel aber, die von Gottes düsterer Braue ihr Haupt unter den Fittichen verbargen und schauernd hin auf die Verwegene blickten, die ihres Herrn Allmacht geleugnet, sie sahen, daß mit einemmal ein Licht ausging von Rahels Antlitz und ihre Stirne erglänzte. Wie von innen hob ihres Leibes Haut an zu strahlen, und die Tränen auf ihren Wangen, den mütterlichen, funkelten morgenrötlich wie Tau. Das erkannten die Engel, daß Gott mit all seiner atmenden Liebe Rahel ins Antlitz gesehen. Und sie erkannten, daß Gott die Leugnerin seines Wortes mehr liebte um ihres Glaubens Unmaßes und Ungeduld willen denn die Diener, die frommen seines Worts, um ihrer Hörigkeit. Da schwand der Engel Ängsten, sie hoben getrost ihre Augen, und siehe: es war wieder Helle und Herrlichkeit um Gottes Gegenwart, und seines Lächelns beseligend Blau überglänzte unendlich die Räume. Da rauschten die Cherubim auf mit klingenden Flügeln, und silbernen Fußes sprach der Wind ihren Fittichen nach, daß ein flüssig Tönen ging von Chorälen in des Himmels weißem Gezelt. Das Leuchten aber auf Gottes Antlitz wuchs zu unendlichem Glanz, bis die Firmamente solche Fülle nicht mehr trugen und zu strömen begannen vom Brausen des Lichts. Und auf klangen da in heiliger Eintracht die Stimmen der Engel und die Stimmen der Toten und aller jener, die Gott noch nicht zur Erde gerufen, bis alles ein selig Atmen ward und ein großer Gesang.

Stefan Zweig: Rahel rechtet mit Gott

Die Erdbeere

Buddha erzählte in einem Sutra eine Parabel:
Ein Mann, der über eine Ebene reiste, stieß auf einen Tiger. Er floh, den Tiger hinter sich. Als er an einen Abgrund kam, suchte er Halt an der Wurzel eines wilden Weinstocks und schwang sich über die Kante. Der Tiger beschnupperte ihn von oben. Zitternd schaute der Mann hinab, wo weit unten ein anderer Tiger darauf wartete, ihn zu fressen. Nur der Wein hielt ihn.

Zwei Mäuse, eine weiße und eine schwarze, machten sich daran, nach und nach die Weinwurzel durchzubeißen. Der Mann sah eine saftige Erdbeere neben sich. Während er sich mit der einen Hand am Wein festhielt, pflückte er mit der anderen die Erdbeere. Wie süß sie schmeckte!

Paul Reps: Ohne Worte – ohne Schweigen

Die verschlossenen Tore

Es waren zwei Menschen, ein Mann und ein Weib, und sie hatten einander lieb. Liebhaben, das heißt, nichts annehmen, von nirgends, alles vergessen und von *einem* Menschen alles empfangen wollen, das was man schon besaß und alles andere. So wünschten es die beiden Menschen gegenseitig. Aber in der Zeit, im Tage, unter den Vielen, wo alles kommt und geht, oft ehe man eine wirkliche Beziehung dazu gewinnt, läßt sich ein solches Liebhaben gar nicht durchführen, die Ereignisse kommen von allen Seiten, und der Zufall öffnet ihnen jede Tür.

Deshalb beschlossen die beiden Menschen aus der Zeit in die Einsamkeit zu gehen, weit fort vom Uhrenschlagen und von den Geräuschen der Stadt. Und dort erbauten sie sich in einem Garten ein Haus. Und das Haus hatte zwei Tore, eines an seiner rechten, eines an seiner linken Seite. Und das rechte Tor war des Mannes Tor, und alles Seine sollte durch dasselbe in das Haus einziehen. Das linke aber war das Tor des Weibes, und was ihres Sinnes war, sollte durch seinen Bogen eintreten. So geschah es. Wer zuerst erwachte am Morgen, stieg hinab und tat sein Tor auf. Und da kam dann bis spät in die Nacht gar manches herein, wenn auch das Haus nicht am Rande des Weges lag. Zu denen, die zu empfangen verstehen, kommt die Landschaft ins Haus und das Licht und ein Wind mit einem Duft auf den Schultern und viel anderes mehr. Aber auch Vergangenheiten, Gestalten, Schicksale traten durch die beiden Tore ein, und allen wurde die gleiche, schlichte Gastlichkeit zuteil, so daß sie meinten, seit immer in dem Heidehaus gewohnt zu haben. So ging es lange Zeit fort, und die beiden Menschen waren sehr glücklich dabei. Das linke Tor war etwas häufiger geöffnet, aber durch das rechte traten buntere Gäste ein. Vor diesem wartete auch eines Morgens – der Tod. Der Mann schlug seine Tür eilends zu, als er ihn bemerkte, und hielt sie den ganzen Tag über fest verschlossen. Nach einiger Zeit tauchte der Tod vor dem linken Eingang auf. Zitternd warf das Weib das Tor zu und schob den breiten Riegel vor. Sie sprachen nicht miteinander über dieses Ereignis, aber sie öffneten seltener die beiden Tore und suchten mit dem auszukommen, was im Hause war. Da lebten sie nun freilich viel ärmlicher als vorher. Ihre Vorräte wurden knapp, und es stellten sich Sorgen ein. Sie begannen beide schlecht zu schlafen, und in einer solchen wachen, langen Nacht vernahmen sie plötzlich zugleich ein seltsames, schlürfendes und pochendes Geräusch. Es war hinter der Wand des Hauses, gleich weit entfernt von den beiden Toren, und klang, als ob jemand begänne Steine auszubrechen, um ein neues Tor mitten in die Mauer zu bauen. Die beiden Menschen taten in ihrem Schrecken dennoch, als ob sie nichts Besonderes vernähmen. Sie begannen zu sprechen, lachten unnatürlich laut, und als sie müde wurden, war das Wühlen in der Wand verstummt. Seither bleiben die beiden Tore ganz geschlossen. Die Menschen leben wie Gefangene. Beide sind kränklich geworden und haben seltsame Einbildungen. Das Geräusch wiederholt sich von Zeit zu Zeit. Dann lachen sie mit ihren Lippen, während ihre Herzen fast sterben vor Angst. Und sie wissen beide, daß das Graben immer lauter und deutlicher wird, und müssen immer lauter sprechen und lachen mit ihren immer matteren Stimmen.

Rainer Maria Rilke: Geschichten vom lieben Gott

Adam und Eva

Als Adam und Eva gezwungen wurden, das Paradies zu verlassen, ging es ihnen gewiß lange Zeit ziemlich schlecht. Wie man hört, waren die Tiere draußen unfreundlich, der Boden steinig und das Klima rauh. Adam und Eva hatten nichts gelernt als faulenzen und die Arbeit fiel ihnen schwer. Kaum daß sie, wie man zu sagen pflegt, auf einen grünen Zweig gekommen waren, geschah das Unglück mit den beiden ältesten Söhnen, die sie schlecht erzogen hatten, so daß der selbstgefällige Abel nun unter dem Rasen lag, während der gewalttätige Kain irgendwo herumirrte und die Eltern sehen konnten, wie sie zurechtkamen ohne den Gärtner Abel und den Jäger Kain. Aber dann wuchsen ihnen neue Kinder heran und immer wieder neue, wenigstens stelle ich mir das so vor, und auch, daß Adam und Eva ziemlich alt wurden, ehe sie zu altern begannen. Um diese Zeit hatten sie gewiß längst ein Haus und Eva ging nicht mehr in Schürzchen aus Palmblättern umher. Obwohl beide an den Garten Eden nur noch eine schwache Erinnerung hatten, ahmten sie doch nach, was sie einmal dort gesehen hatten, indem sie einen Brunnen gruben, der dem Wasser des Lebens glich, einen Garten pflanzten und einige Tiere zähmten, die sich auf dem umfriedeten Grundstück friedlich, wie die Tiere des Paradieses, benahmen. Dies alles war ganz unvollkommen, aber es machte Freude, daran zu arbeiten und abends umherzugehen und darüber nachzudenken, was sich noch tun ließ. Es machte soviel Freude, daß sie mit der Zeit ganz zufrieden wurden und Adam sich manchmal selbst ein bißchen so fühlte, als sei er der liebe Gott.

Es war darum eine große Erschütterung für ihn, als er eines Tages erfuhr, daß er sterben müßte. Nicht, daß er darüber eine bestimmte Nachricht erhalten hätte. Er sah nur eines Abends ein Tier seiner Herde tot umfallen, und da er sich selbst diesem großen starken Leittier oft verglichen hatte, kam ihm mit einemmal der Gedanke, daß er in dieser Beziehung nicht mehr und nichts Besseres sei als ein Tier. Als er zu dieser Erkenntnis gekommen war, wurde er sich verschiedener Mängel bewußt, die er vorher nicht gekannt hatte, einer Schwäche der Augen, einer Unsicherheit der Hände, einer Trübung des Gehörs. Das ist der Tod, dachte er entsetzt, als an diesem Abend ein zerbrechlicher Gegenstand seiner Hand entglitt. Was hast du denn, fragte Eva, weil er wie versteinert dastand, während sie die Scherben zusammenlas.

Diese Frage, was hast du denn, stellte Eva noch einige Male in der folgenden Zeit. Denn Adam begann sich in der Tat wunderlich zu benehmen. Es fing damit an, daß er nicht mehr schlief in der Nacht. Er wälzte sich bald auf die eine, bald auf die andere Seite oder lag auch still auf dem Rücken und starrte zur Decke hinauf. Er konnte nicht schlafen, weil er zu viel denken mußte, aber die Gedanken, die ihn wachhielten, waren keineswegs erhabene, an den Tod oder an Gott, vielmehr drehten sie sich mit gräßlicher Beharrlichkeit um kleine häusliche Mißstände, einen Fehler in der Bewässerungsanlage, eine schadhafte Stelle im Dach. Wenn die Nacht vorüber war und alle im Hause sich wieder an ihre Arbeit begaben, überfiel ihn dann eine schreckliche Müdigkeit, und es kam vor, daß er sich gleich nach dem Frühstück wieder hinlegen mußte und eine ganze Weile liegen blieb. Das war ihm selbst verwunderlich, aber noch viel erstaunlicher war die Empfindlichkeit, die er gegenüber den verschiedensten Geräuschen an den Tag zu legen begann. Das Bellen der Hunde machte ihn rasend, noch mehr das Kreischen der Papageien und das alberne Geschrei der Affen, die in den Bäumen hinter dem Hause spielten und von denen er sich bald einbildete, daß sie ihn verfolgten und nur zu seinem Ärger ihren törichten Lärm vollführten. Die Kinder, und zwar noch mehr die halberwachsenen als die kleinen, erregten seinen Unmut auf Schritt und Tritt. Es fiel ihm plötzlich auf, daß sie gewisse idiotische Redewendungen ständig wiederholten und daß sie, ohne die geringste Rücksicht auf ihn zu nehmen, mit schallender Stimme ihre aufreizend stupiden Lieder sangen.

Schließlich bin ich der Vater, dachte er, und ein Mann, der einiges geleistet hat und dem es lange Zeit schlecht gegangen ist, ein Mann, der Anspruch darauf erheben kann, daß man ihn respektiert. Solche Gedanken waren neu, und neu war auch der Wunsch, der ihn jetzt von Zeit zu Zeit überkam, der Wunsch nämlich, sich zu entfernen aus einer Umgebung, in der man ihn so wenig achtete und seinen Worten so wenig Aufmerksamkeit zollte. Er ging ein paar Mal fort in der Nacht, bald in dieser, bald in jener Richtung, und schließlich ertappte er sich dabei, daß er bei diesen Spaziergängen etwas ganz Bestimmtes suchte: nämlich die Mauer des Gartens Eden, auf die er im Anfang, also vor vielen Jahrzehnten, herumwandernd, noch manchmal gestoßen war, und auf der im roten Abendhimmel die Engelwachen gestanden hatten, sehr schön, mit ihren Wolkenflügeln aus schimmerndem Grau. Aber diese Mauer war nicht mehr da, und er hörte auch bald auf, sie zu suchen. Statt allein fortzugehen, machte er immer öfter die Runde durch sein Anwesen, betrachtete alles, was er gemacht hatte und fand es schlecht genug. Er beobachtete auch seine Kinder und fand sie faul und leichtsinnig, unfähig, das Werk weiterzuführen, das er begonnen hatte, und das zu vollenden ihm nicht Zeit genug blieb. Und dann versuchte er über dies und alles mit Eva zu sprechen, aber Eva lachte nur, und er war von ihrer Gleichgültigkeit aufs tiefste gekränkt.

In der folgenden Zeit fand er immer mehr Ursache, mit seiner Frau unzufrieden zu sein. Denn wenn Eva auch im Anfang seiner Verdüsterung recht lieb und freundlich gewesen war und sich bemüht hatte, ihm ein wenig Ruhe zu verschaffen, so schien sie doch von Tag zu Tag weniger um ihn besorgt zu sein. Ihre Laune war ausgezeichnet, ihr Appetit vorzüglich, und obwohl sie nicht jünger war als Adam selbst, schlief sie, ohne auch nur ein einziges Mal aufzuwachen, die ganze Nacht. Wenn er sich über den Lärm beschwerte, machte sie ein erstauntes Gesicht, wenn er über das Wetter klagte, sagte sie, es wird schon wieder besser werden, und mit dieser Redewendung, die ihm leichtfertig und frech erschien, schob sie seine Leiden und Ängste, das einzige, das er noch hatte, in das Reich lächerlicher Grillen, denen niemand Aufmerksamkeit schuldig ist. Es fehlte nicht viel, daß sie gesagt hätte, ach sei doch still, wenigstens meinte Adam dies herauszuhören und auch einen kleinen Ärger über seine Mutlosigkeit, und dieses Unverständnis kränkte ihn tief. Natürlich konnte er trotzdem nicht schweigen, da ja das Sagenmüssen wie Rauch zum Feuer zu diesem inneren Brande gehört. Also sprach er weiter, sprach mit einer Stimme, die ihm selbst verhaßt war, weil sie so nörglerisch und griesgrämig klang. Er beklagte sich über die Sonne und den Regen, über das

Unkraut und die Schädlinge und die Kinder, und Eva sagte in der ersten Zeit noch ein paar Mal, das ist doch nicht so arg, und dann sagte sie gar nichts mehr, und er hatte den Verdacht, sie höre ihm überhaupt nicht mehr zu.

Das ist gewiß schlimm für einen Mann, der eingesehen hat, daß sein Leben nicht ewig währt und der angesichts dieser Tatsache an dem Wert alles Geleisteten zu zweifeln beginnt. Es war schlimm für Adam, der jetzt umherging und alles, was er gemacht hatte, gering achtete und der aus seinen früheren Leiden einen glühenden Anspruch sog. Aber es erwies sich, daß dies noch längst nicht das Ärgste war. Denn das Ärgste ist nicht die Gleichgültigkeit, sondern der Verrat.

Man muß bedenken, daß Adam, der so vieles kannte, so etwas in seinem Leben nie erfahren hatte. Er war der einzige Mann, der für Eva in Frage kam, da es neben ihm nur Söhne und Enkel gab. Zwar war er früher, wenn Eva allein fortging und lange ausblieb, manchmal ein wenig unruhig geworden. Aber Eva war, wenn sie zurückkam, immer besonders strahlend und liebevoll gewesen, immer hatte sie etwas Besonderes mitgebracht, ja es schien ihm jetzt, als habe er in seinem ganzen Leben nichts als Liebe und Freundlichkeit von ihr erfahren. Aber in dem Augenblick, in dem er sich seines Glückes bewußt wurde, war es mit diesem Glück auch schon vorbei. Denn wenn er bisher niemals in Evas Augen einen verräterischen Glanz gesehen hatte, wenn Eva sich niemals von ihm abgewendet hatte, um ihr Ohr einer anderen Stimme zu leihen: Jetzt erfuhr er dies alles, alle Qualen der Eifersucht, nur daß kein Liebhaber, sondern ein Phantom sein Nebenbuhler war, kein Mann, mit dem er hätte kämpfen können, sondern das Traumbild der Jugend und des Lebens schlechthin.

Denn er sah es wohl, der Jugend und dem Leben neigte sich Eva zu. Mit einemmal gewahrte er sie auf der Seite der Kinder, ach, nicht mit Worten, aber mit mancher geheimen Zärtlichkeit, manchem vertraulich wiedergutmachenden Blick. Als Adam den ersten dieser Blicke auffing, zuckte er zusammen wie unter einem Schlag. Von da an wurde er mißtrauisch, horchte und schlich im Hause umher. Einmal, als er sich Eva gegenüber über die stechende Sonne beklagte, bemerkte er, wie sie ihr Gesicht und ihre Arme dieser Sonne entgegenhob, als sei gerade das, was ihn quälte, ihr eine Quelle der Lust. Durch solche Beobachtungen wuchs das Gefühl der Verlassenheit in ihm immer mehr. Er erinnerte sich der Zeiten, in denen Eva und er noch allein gewesen waren, und wie sie da, furchtbar allein und aufeinander angewiesen, sich geschworen hatten, einander niemals zu verlassen. Jetzt war Eva noch immer an seiner Seite, sie war nicht fortgegangen, aber es kam ihm vor, als entferne sie sich dennoch, ein wenig weiter mit jedem Tag.

In seinem schrecklichen Mißtrauen zeichnete Adam jede Station dieser Entfernung getreulich auf. Er glaubte zu bemerken, wie bei seinen Worten eine leise Ungeduld über Evas Züge glitt. Wenn er ein längeres Ausbleiben ankündigte, meinte er, auf ihren Lippen ein Lächeln der Erleichterung zu sehen, und wenn er dann fortging, bildete er sich ein, daß die Stimme, die er aus der Ferne noch hörte, froher und heiterer klang. Einmal, als sie bei der Abendmahlzeit saßen, faßte er sie ins Auge und stellte fest, daß ihre Haut schlaff wurde und ihre Haare sich zu verfärben begannen. Er bemerkte auch, daß sie Schmerzen in den Gliedern hatte und sich nicht mehr so frei und anmutig bewegte wie vorher. Sie ist nicht jünger als ich, dachte er, aber sie tut, als habe sie unbegrenzte Zeit vor sich, ewige Zeit. Und dann dachte er plötzlich, sie weiß nichts, sie weiß *es* nicht, und er war über ihre Dummheit empört.

Nach dem Essen ging Eva noch auf den Hof hinaus, um das Spielzeug der kleinen Kinder zusammenzusuchen. Adam ging ihr nach und blieb bei ihr stehen und sah sie flehend an. Werde mit mir alt, wollte er sagen, werde mit mir alt. Aber natürlich brachte er diese Worte nicht über die Lippen, sondern begann sich statt dessen über die Mücken zu beklagen, in einem wilden und verzweifelten

Ton. Was du immer hast, sagte Eva, und sah ihn kopf-
schüttelnd an.

In dieser Nacht beschloß Adam, Eva zu sagen, daß sie
sterben müsse. Vielleicht hätte er es nicht getan, wenn
nicht der Mondschein so hell im Zimmer und gerade auf
Evas Gesicht gelegen hätte und wenn dieses Gesicht nicht
so voll von Lebensentzücken gelächelt hätte im Schlaf. Aber
dieser Anblick rief in Adam, der schon viele Stunden schlaf-
los gewesen war, eine dunkle Rachsucht hervor. Er weckte
Eva auf, und Eva rieb sich die Augen und fragte, ob etwas
mit den Kindern sei. Wir müssen sterben, sagte Adam, und
es war ihm zumute, als beginge er einen Mord. Große Neu-
igkeit, sagte Eva spöttisch. Das weiß ich schon lang. Hast du
dir keine Gedanken gemacht, fragte Adam, sobald er sich
von seiner Überraschung erholt hatte. Was wir hier zurück-
lassen, ist unfertig und keinen Pfifferling wert.

Jemand wird es schon fertig machen, sagte Eva.

Die Kinder, sagte Adam streng, sind träge und leichtsinnig. Sie wissen nicht, was arbeiten heißt, und werden
elend zugrunde gehen.

Es wird schon noch etwas aus ihnen werden, sagte Eva.

Und was wird aus uns, fragte Adam und stützte seinen
Kopf auf die Hand.

Wir bleiben zusammen, sagte Eva. Wir gehen zurück in
den Garten. Und sie legte ihre Arme um Adams Hals und
sah ihn liebevoll an.

Ist er denn noch da? Fragte Adam erstaunt.

Gewiß, sagte Eva.

Wie willst du das wissen, fragte Adam mürrisch.

Woher meinst du, fragte Eva, daß ich die Reben hatte,
die ich dir gebracht habe, und woher meinst du, daß ich die
Zwiebel der Feuerlilie hatte, und woher meinst du, hatte
ich den schönen, funkelnden Stein?

Woher hattest du das alles? Fragte Adam.

Die Engel, sagte Eva, haben es mir über die Mauer geworfen. Wenn wir kommen, rufe ich die Engel, und dann
öffnen sie mir das Tor.

Adam schüttelte langsam den Kopf, weil eine ferne und dunkle Erinnerung ihn überkam. Gerade dir, sagte er. Aber dann fing er an zu lachen, laut und herzlich, zum ersten Mal seit ach wie langer Zeit.

Marie-Luise Kaschnitz: Liebesgeschichten

Die Urangst

Es gibt die Urangst. Es gibt angstträchtige Ursituationen, in denen die Urangst ungehindert zum Durchbruch kommt. Aus unbekannten Tiefen wallt sie herauf und überschwemmt uns, so daß es scheint, wir könnten dieser untergründigen Macht nichts entgegenstellen. Selbst der Mut entpuppt sich angesichts ihrer als Flucht. Könnten wir die dunklen Abgründe erforschen, in denen sie sich verbirgt, um unvermutet über uns hereinzubrechen, sobald sich eine der Ursituationen ergibt, dann bestünde die Möglichkeit, ihrer Herr zu werden. Aber die mächtigen Abgründe des Lebens, in denen die Urangst haust, bergen auch des Lebens Wurzelwerk. Wer es wagen würde, so es überhaupt möglich ist, diese Wurzeln ans Licht zu zerren, der würde zwar die Angst zerstören können, aber er würde damit gleichzeitig auch das Leben zerstören. So müssen wir uns mit der Erfahrung abfinden, daß es diese Urangst gibt, müssen uns damit bescheiden, ihrer in den Ursituationen ansichtig zu werden. Durch Beobachtung und durch das Erkennen gewisser Zusammenhänge vermögen wir zu erreichen, daß wir diese Ursituation besonnen bestehen und zu einem inneren Gleichgewicht gelangen.

Kenntnis allein genügt jedoch nicht, um über die Urangst zu siegen. Es gibt wahrscheinlich nur eine Möglichkeit, ihr zu begegnen: wir müssen uns zur Zuversicht erziehen und unser Lebensvertrauen bestärken. Es gibt nichts in der Welt, das nicht seinen Gegenpol hätte. Der Gegenpol der Urangst ist das Urvertrauen. Auf besonne-

nem und bewußtem Urvertrauen beruht die Würde des
Menschen. Es gibt ihm die Kraft, die Angst zu meistern.

Jean-Gebser-Brevier

Der schwere Weg

Am Eingang der Schlucht, bei dem dunklen Felsentor,
stand ich zögernd und drehte mich zurückblickend um.
Sonne schien in dieser grünen wohligen Welt, über den
Wiesen flimmerte wehend die bräunliche Grasblüte. Dort
war gut sein, dort war Wärme und liebes Behagen, dort
summte die Seele tief und befriedigt wie eine wollige
Hummel im satten Duft und Lichte. Und vielleicht war
ich ein Narr, daß ich das alles verlassen und ins Gebirge
hinaufsteigen wollte.

Der Führer berührte mich sanft am Arm. Ich riß meine
Blicke von der geliebten Landschaft los, wie man sich ge-
waltsam aus einem lauen Bade losmacht. Nun sah ich die
Schlucht in sonnenloser Finsternis liegen, ein kleiner
schwarzer Bach kroch aus der Spalte, bleiches Gras wuchs
in kleinen Büscheln an seinem Rande, auf seinem Boden
lag herabgespültes Gestein von allen Farben tot und blaß
wie Knochen von Wesen, welche einst lebendig waren.

„Wir wollen rasten", sagte ich zum Führer.

Er lächelte geduldig, und wir setzten uns nieder. Es war
kühl, und aus dem Felsentore kam ein leiser Strom von
finsterer, steinig kalter Luft geflossen.

Häßlich, häßlich, diesen Weg zu gehen! Häßlich, sich
durch dies unfrohe Felsentor zu quälen, über diesen kalten
Bach zu schreiten, diese schmale schroffe Kluft im Fin-
stern hinanzuklettern!

„Der Weg sieht scheußlich aus", sagte ich zögernd.

In mir flatterte wie ein sterbendes Lichtlein die heftige,
ungläubige, unvernünftige Hoffnung, wir könnten vielleicht wieder umkehren, der Führer möchte sich noch
überreden lassen, es möchte uns dies alles erspart bleiben.

Ja, warum eigentlich nicht? War es dort, von wo wir kamen, nicht tausendmal schöner? Floß nicht dort das Leben reicher, wärmer, liebenswerter? Und war ich nicht ein Mensch, ein kindliches und kurzlebiges Wesen mit dem Recht auf ein bißchen Glück, auf ein Eckchen Sonne, auf ein Auge von Blau und Blumen? Nein, ich wollte dableiben. Ich hatte keine Lust, den Helden und Märtyrer zu spielen! Ich wollte mein Leben lang zufrieden sein, wenn ich im Tal und an der Sonne bleiben durfte.

Schon fing ich an zu frösteln; hier war kein langes Bleiben möglich.

„Du frierst!", sagte der Führer, „es ist besser, wir gehen."

Damit stand er auf, reckte sich einen Augenblick zu seiner ganzen Höhe aus und sah mich mit Lächeln an. Es war weder Spott noch Mitleid in dem Lächeln, weder Härte noch Schonung. Es war nichts darin als Verständnis, nichts als Wissen. Dies Lächeln sagte: „Ich kenne dich. Ich kenne deine Angst, die du fühlst, und habe deine Großsprecherei von gestern und vorgestern keineswegs vergessen. Jeder verzweifelte Hasensprung der Feigheit, den deine Seele jetzt tut, und jedes Liebäugeln mit dem lieben Sonnenschein da drüben ist mir bekannt und vertraut, noch ehe du's ausführst."

Mit diesem Lächeln sah mich der Führer an und tat den ersten Schritt ins dunkle Felsental voraus, und ich haßte ihn und liebte ihn, wie ein Verurteilter das Beil über seinem Nacken haßt und liebt. Vor allem aber haßte und verachtete ich sein Wissen, seine Führerschaft und Kühle, seinen Mangel an lieblichen Schwächen, und haßte alles das in mir selber, was ihm recht gab, was ihn billigte, was seinesgleichen war und ihm folgen wollte.

Schon war er mehrere Schritte weit gegangen, auf Steinen durch den schwarzen Bach, und war eben im Begriff, mir um die erste Felsenecke zu entschwinden.

„Halt!" rief ich so voller Angst, daß ich zugleich denken mußte: Wenn das hier ein Traum wäre, dann würde ihn in diesem Augenblick mein Entsetzen zersprengen, und ich würde aufwachen. „Halt", rief ich, „ich kann nicht, ich bin noch nicht bereit."

Der Führer blieb stehen und blickte still herüber, ohne Vorwurf, aber mit diesem seinem furchtbaren Verstehen, mit diesem schwer zu ertragenden Wissen, Ahnen, Schon-im-voraus-verstanden-Haben.

„Wollen wir lieber umkehren?" fragte er, und er hatte noch das letzte Wort nicht ausgesprochen, da wußte ich schon voll Widerwillen, daß ich „nein" sagen würde, nein würde sagen müssen. Und zugleich rief alles Alte, Gewohnte, Liebe, Vertraute in mir verzweiflungsvoll: „Sag ja, sag ja", und es hängte sich die ganze Welt und Heimat wie eine Kugel an meine Füße.

Ich wollte „ja" rufen, obschon ich genau wußte, daß ich es nicht würde tun können.

Da wies der Führer mit der ausgestreckten Hand in das Tal zurück, und ich wandte mich nochmals nach den geliebten Gegenden um. Und jetzt sah ich das Peinvollste, was mir begegnen konnte: ich sah die geliebten Täler und Ebenen unter einer weißen entkräfteten Sonne fahl und lustlos liegen, die Farben klangen falsch und schrill zusammen, die Schatten waren rußig und schwarz und ohne Zauber, und allem, allem war das Herz herausgeschnitten, war der Reiz und Duft genommen – alles roch und schmeckte nach Dingen, an denen man sich längst bis zum Ekel übergessen hat. Oh, wie ich das kannte, wie ich das fürchtete und haßte, diese schreckliche Art des Führers, mir das Geliebte und Angenehme zu entwerten, den Saft und Geist daraus weglaufen zu lassen, Düfte zu verfälschen und Farben leise zu vergiften! Ach, ich kannte das: was gestern noch Wein gewesen war, war heut Essig. Und nie wieder wurde der Essig zu Wein. Nie wieder.

Ich schwieg und folgte traurig dem Führer nach. Er hatte ja recht, jetzt wie immer. Gut, wenn er wenigstens bei mir und sichtbar blieb, statt – wie so oft – im Augenblick einer Entscheidung plötzlich zu verschwinden und mich allein

100

zu lassen – allein mit jener fremden Stimme in meiner Brust, in die er sich dann verwandelt hatte. Ich schwieg, aber mein Herz rief inbrünstig: „Bleib nur, ich folge ja!"

Die Steine im Bach waren von einer scheußlichen Schlüpfrigkeit, es war ermüdend und schwindelerregend, so zu gehen, Fuß über Fuß auf schmalem, nassem Stein, der sich unter der Sohle klein machte und auswich. Dabei begann der Bachpfad rasch zu steigen, und die finsteren Felswände traten näher zusammen, sie schwollen mürrisch an, und jede ihrer Ecken zeigte die tückische Absicht, uns einzuklemmen und für immer vom Rückweg abzuschneiden. Über warzige gelbe Felsen rann zäh und schleimig eine Haut von Wasser. Kein Himmel, nicht Wolke noch Blau mehr über uns.

Ich ging und ging, dem Führer nach, und schloß oft vor Angst und Widerwillen die Augen. Da stand eine dunkle Blume am Weg, sammetschwarz mit traurigem Blick. Sie war schön und sprach vertraut zu mir, aber der Führer ging rascher, und ich fühlte: Wenn ich einen Augenblick verweilte, wenn ich noch einen einzigen Blick in dies traurige Sammetauge senkte, dann würde die Betrübtheit und hoffnungslose Schwermut allzu schwer und würde unerträglich, und mein Geist würde alsdann immer in diesen höhnischen Bezirk der Sinnlosigkeit und des Wahns gebannt bleiben.

Naß und schmutzig kroch ich weiter, und als die feuchten Wände sich näher über uns zusammenklemmten, da fing der Führer sein altes Trostlied an zu singen. Mit seiner hellen, festen Jünglingsstimme sang er bei jedem Schritt im Takt die Worte: „Ich will, ich will, ich will!" Ich wußte wohl, er wollte mich ermutigen und anspornen, er wollte mich über die häßliche Mühsal und Trostlosigkeit dieser Höllenwanderung hinwegtäuschen. Ich wußte, er wartete darauf, daß ich mit in seinen Singsang einstimme. Aber dies wollte ich nicht, diesen Sieg wollte ich ihm nicht gönnen. War mir denn zum Singen zumute?

Und war ich nicht ein Mensch, ein armer einfacher Kerl, der da wider sein Herz in Dinge und Taten hineingezerrt wurde, die Gott nicht von ihm verlangen konnte? Durfte nicht jede Nelke und jedes Vergißmeinnicht am Bach bleiben, wo er war, und blühen und verwelken, wie es in seiner Art lag?

„Ich will, ich will, ich will", sang der Führer unentwegt. Oh, wenn ich hätte umkehren können! Aber ich war, mit des Führers wunderbarer Hilfe, längst über Wände und Abstürze geklettert, über die es keinen, keinen Rückweg gab. Das Weinen würgte mich von innen, aber weinen durfte ich nicht, dies am allerwenigsten. Und so stimmte ich trotzig und laut in den Sang des Führers ein, im gleichen Takt und Ton, aber ich sang nicht seine Worte mit, sondern immerzu: „Ich muß, ich muß, ich muß!" Allein es war nicht leicht, so im Steigen zu singen, ich verlor bald den Atem und mußte keuchend schweigen. Er aber sang unermüdet fort: „Ich will, ich will, ich will", und mit der Zeit bezwang er mich doch, daß auch ich seine Worte mitsang. Nun ging das Steigen besser, und ich mußte nicht mehr, sondern wollte in der Tat, und von einer Ermüdung durch das Singen war nichts mehr zu spüren.

Da wurde es heller in mir, und wie es heller in mir wurde, wich auch der glatte Fels zurück, ward trockener, ward gütiger, half oft dem gleitenden Fuß, und über uns trat mehr und mehr der hellblaue Himmel hervor, wie ein kleiner blauer Bach zwischen den Steinufern, und bald wie ein blauer kleiner See, der wuchs und Breite gewann.

Ich versuchte es, stärker und inniger zu wollen, und der Himmelssee wuchs weiter, und der Pfad wurde gangbarer, ja ich lief zuweilen eine ganze Strecke leicht und beschwerdelos neben dem Führer her. Und unerwartet sah ich den Gipfel nahe über uns, steil und gleißend in durchglühter Sonnenluft.

Wenig unterhalb des Gipfels entkrochen wir dem engen Spalt, Sonne drang in meine geblendeten Augen, und als ich sie wieder öffnete, zitterten mir die Knie vor Beklemmung, denn ich sah mich frei und ohne Halt an den steilen Grat gestellt, ringsum unendlichen Himmelsraum und blaue bange Tiefe, nur der schmale Gipfel dünn wie eine Leiter vor uns ragend. Aber es war wieder Himmel und Sonne da, und so stiegen wir auch die letzte beklemmende Steile empor, Fuß vor Fuß mit zusammengepreßten Lippen und gefalteten Stirnen. Und standen oben, schmal auf durchglühtem Stein, in einer strengen, spöttisch dünnen Luft.

Das war ein sonderbarer Berg und ein sonderbarer Gipfel! Auf diesem Gipfel, den wir über so unendliche nackte Steinwände erklommen hatten, auf diesem Gipfel wuchs aus dem Steine ein Baum, ein kleiner, gedrungener Baum mit einigen kurzen, kräftigen Ästen. Da stand er, unausdenklich einsam und seltsam, hart und starr im Fels, das kühle Himmelsblau zwischen seinen Ästen. Und zuoberst im Baume saß ein schwarzer Vogel und sang sein rauhes Lied.

Stiller Traum einer kurzen Rast, hoch über der Welt: Sonne lohte, Fels glühte, Raum starrte streng, Vogel sang rauh. Sein rauhes Lied hieß: Ewigkeit, Ewigkeit! Der schwarze Vogel sang, und sein blankes hartes Auge sah uns an wie ein schwarzer Kristall. Schwer zu ertragen war sein Blick, schwer zu ertragen war sein Gesang, und furchtbar war vor allem die Einsamkeit und Leere dieses Ortes, die schwindelnde Weite der öden Himmelsräume. Sterben war unausdenkbare Wonne, Hierbleiben namenlose Pein. Es mußte etwas geschehen, sofort, augenblicklich, sonst versteinerten wir und die Welt vor Grauen. Ich fühlte das Geschehnis drücken und glühend einherhauchen wie den Windstoß vor einem Gewitter. Ich fühlte es mir über Leib und Seele flattern wie ein brennendes Fieber. Es drohte, es kam, es war da.

– Es schwang sich der Vogel jäh vom Ast, warf sich stürzend in den Weltraum.

Es tat mein Führer einen Sprung und Sturz ins Blaue, fiel in den zuckenden Himmel, flog davon.

Jetzt war die Welle des Schicksals auf der Höhe, jetzt riß
sie mein Herz davon, jetzt brach sie lautlos auseinander.
Und ich fiel schon, ich stürzte, sprang, ich flog; in kalte
Luftwirbel geschnürt schoß ich selig und vor Qual der
Wonne zuckend durchs Unendliche hinabwärts, an die
Brust der Mutter.

Hermann Hesse: Die Märchen

Wenn einem nichts mehr bleibt

Während wir kilometerweit dahinstolpern, im Schnee wa-
ten oder auf vereisten Stellen ausgleiten, immer wieder
einander stützend, uns gegenseitig hochreißend und vor-
wärtsschleppend, fällt kein Wort mehr, aber wir wissen in
dieser Stunde: jeder von uns denkt jetzt nur an seine Frau.
Von Zeit zu Zeit schau ich zum Himmel hinauf, wo die
Sterne verblassen, oder dort hinüber, wo hinter einer dü-
steren Wolkenwand das Morgenrot beginnt. Aber mein
Geist ist jetzt erfüllt von der Gestalt, die er in jener unheimlich regen Phantasie festhält, die ich früher, im nor-
malen Leben nie gekannt hatte. Ich führe Gespräche mit
meiner Frau. Ich höre sie antworten, ich sehe sie lächeln,
ich sehe ihren fordernden und ermutigenden Blick, und –
leibhaftig oder nicht – ihr Blick leuchtet jetzt mehr als die
Sonne, die soeben aufgeht. Da durchzuckt mich ein Gedanke: das erstemal in meinem Leben erfahre ich die
Wahrheit dessen, was so viele Denker als der Weisheit
letzten Schluß aus ihrem Leben herausgestellt und was so
viele Dichter besungen haben; die Wahrheit, daß Liebe irgendwie das Letzte und das Höchste ist, zu dem sich
menschliches Dasein aufzuschwingen vermag. Ich erfasse
jetzt den Sinn des Letzten und Äußersten, was menschliches Dichten und Denken und – Glauben auszusagen hat:
die Erlösung durch die Liebe und in der Liebe! Ich erfasse,
daß der Mensch, wenn ihm nichts mehr bleibt auf dieser
Welt, selig werden kann – und sei es auch nur für Augen-

blicke –, im Innersten hingegeben an das Bild des geliebten Menschen. In der denkbar tristesten äußeren Situation, in eine Lage hineingestellt, in der er sich nicht verwirklichen kann durch ein Leisten, in einer Situation, in der seine einzige Leistung in einem rechten Leiden – in einem aufrechten Leiden bestehen kann, in solcher Situation vermag der Mensch, im liebenden Schauen, in der Kontemplation des geistigen Bildes, das er vom geliebten Menschen in sich trägt, sich zu erfüllen. Das erstemal in meinem Leben bin ich imstande zu begreifen, was gemeint ist, wenn gesagt wird: die Engel sind selig im endlos liebenden Schauen einer unendlichen Herrlichkeit ...

Da fällt mir etwas auf: Ich weiß ja gar nicht, ob meine Frau noch lebt! Da weiß ich eines – jetzt habe ich es gelernt: So wenig meint Liebe die körperliche Existenz eines Menschen, so sehr meint sie zutiefst das geistige Wesen des geliebten Menschen, sein „So-sein" (wie es die Philosophen nennen), daß sein „Dasein", sein Hier-bei-mir-sein, ja seine körperliche Existenz überhaupt, sein Am-Leben-sein, irgendwie gar nicht mehr zur Diskussion steht. Ob der geliebte Mensch noch lebt oder nicht: ich weiß es nicht, ich kann es nicht wissen (während der ganzen Lagerhaft gab es ja weder Briefschreiben noch Postempfang); aber in diesem Augenblick ist es irgendwie gegenstandslos geworden. Ob der geliebte Mensch lebt oder nicht – irgendwie brauche ich es jetzt gar nicht zu wissen: meine Liebe, dem liebenden Gedenken, der liebenden Schau seiner geistigen Gestalt, kann das alles nichts mehr anhaben.

Viktor Frankl: Trotzdem ja zum Leben sagen

Schlaf mein Kind

In diesem Augenblick wurde der Sturm so heftig, daß die Wände des Hauses erzitterten. Der Junge erschrak. Er rückte näher an seine Mutter heran, um bei ihr Schutz zu suchen vor dem Zorn der Elemente.

Sie drückte ihn an sich und küßte ihn; dann setzte sie ihn auf ihren Schoß und sagte:

„Fürchte dich nicht, mein Sohn! Die Natur will den Menschen warnen; sie demonstriert ihm ihre Macht und seine Ohnmacht, ihre Stärke und seine Schwäche. Fürchte dich nicht, mein Kind, denn hinter dem fallenden Schnee, den dunklen Wolken und den heftigen Stürmen ist ein heiliger Geist, der weiß, was die Felder brauchen. Hinter allen Dingen verbirgt sich eine Macht, die mit erbarmungsvollem Blick auf die Niedrigkeit des Menschen schaut.

Fürchte dich nicht, mein Liebling, denn die Natur, die im Frühling lächelt, an einem Sommertag lacht und im Herbst seufzt, will jetzt weinen, und mit ihren kalten Tränen bewässert sie das Leben, das unter der Erde schläft.

Schlaf, mein Sohn, und wenn du morgen erwachst, wird der Himmel heiter sein, die Felder werden das weiße Gewand des Schnees tragen wie die Seele das Gewand der Reinheit am Vorabend ihres Kampfes mit dem Tod.

Schlaf, mein Kind, dein Vater sieht uns jetzt aus der Ewigkeit zu. Mögen der Sturm und der Schnee uns dem Gedenken der unsterblichen Seele näher bringen!

Schlaf, mein Liebling, die Elemente, die sich nun bekämpfen, werden wunderschöne Blumen hervorbringen, die du im April pflücken wirst. Auch der Mensch, mein Sohn, wird die Liebe erst nach leidvoller Trennung, harten Geduldsproben und bitterer Verzweiflung ernten.

Schlaf, mein Kleiner, süße Träume sollen deinen Geist aufsuchen und dich ablenken von der Furcht vor der Nacht und der Kälte draußen."

Khalil Gibran: Eine Träne und ein Lächeln

Sein Leben lang Angst gelitten

Draußen, weit im See, zog er die Ruder ein. Es war nun so weit, und er war zufrieden. Früher hatte er, in den Augenblicken, wo Sterben ihm unvermeidlich schien, doch immer gern noch ein wenig gezögert, die Sache auf morgen verschoben, es erst noch einmal mit dem Weiterleben probiert. Davon war nichts mehr da. Sein kleines Boot, das war er, das war sein kleines, umgrenztes, künstlich versichertes Leben – rundum aber das weite Grau, das war die Welt, das war All und Gott, dahinein sich fallen zu lassen war nicht schwer, das war leicht, das war froh.

Er setzte sich auf den Rand des Bootes nach außen, die Füße hingen ins Wasser. Er neigte sich langsam vor, neigte sich vor, bis hinter ihm das Boot elastisch entglitt. Er war im All.

In der kleinen Zahl von Augenblicken, welche er von da an noch lebte, war viel mehr Erlebnis gedrängt als in die vierzig Jahre, die er zuvor bis zu diesem Ziel unterwegs gewesen war.

Es begann damit: Im Moment, wo er fiel, wo er einen Blitz lang zwischen Bootsrand und Wasser schwebte, stellte sich ihm dar, daß er einen Selbstmord begehe, eine Kinderei, etwas zwar nicht Schlimmes, aber Komisches und ziemlich Törichtes. Das Pathos des Sterbenwollens und das Pathos des Sterbens selbst fiel in sich zusammen, es war nichts damit. Sein Sterben war nicht mehr notwendig, jetzt nicht mehr. Es war erwünscht, es war schön und willkommen, aber notwendig war es nicht mehr. Seit dem Moment, seit dem aufblitzenden Sekundenteil, wo er sich mit ganzem Wollen, mit ganzem Verzicht auf jedes Wollen, mit ganzer Hingabe hatte vom Bootsrand fallen lassen, in den Schoß der Mutter, in den Arm Gottes – seit diesem Augenblick hatte das Sterben keine Bedeutung mehr. Es war ja alles so einfach, es war ja alles so wunderbar leicht, es gab ja keine Abgründe, keine Schwierigkeiten mehr. Die ganze Kunst war: sich fallen lassen! Das leuchtete als Ergebnis seines Lebens hell durch sein ganzes Wesen: sich fallen lassen! Hatte man das einmal getan, hatte man einmal sich dahingegeben, sich anheimgestellt, sich ergeben, hatte man einmal auf alle Stützen und jeden festen Boden unter sich verzichtet, hörte man ganz und gar nur noch auf den Führer im eigenen Herzen, dann war alles gewonnen, dann war alles gut, keine Angst mehr, keine Gefahr mehr.

Dies war erreicht, dies Große, Einzige: er hatte sich fallen lassen! Daß er sich ins Wasser und in den Tod fallen ließ, wäre nicht notwendig gewesen, ebensogut hätte er sich ins Leben fallen lassen können. Aber daran lag nicht viel, wichtig war dies nicht. Er würde leben, er würde wiederkommen. Dann aber würde er keinen Selbstmord mehr brauchen und keinen von all diesen seltsamen Umwegen, keine von all diesen mühsamen und schmerzlichen Torheiten mehr, denn er würde die Angst überwunden haben.

Wunderbarer Gedanke: ein Leben ohne Angst! Die Angst überwinden, das war die Seligkeit, das war die Erlösung. Wie hatte er sein Leben lang Angst gelitten, und nun, wo der Tod ihn schon am Halse würgte, fühlte er nichts mehr davon, keine Angst, kein Grauen, nur Lächeln, nur Erlösung, nur Einverstandensein. Er wußte nun plötzlich, was Angst ist, und daß sie nur von dem überwunden werden kann, der sie erkannt hat. Man hatte vor tausend Dingen Angst, vor Schmerzen, vor Richtern, vor dem eigenen Herzen, man hatte Angst vor dem Schlaf, Angst vor dem Erwachen, vor dem Alleinsein, vor der Kälte, vor dem Wahnsinn, vor dem Tode – namentlich vor ihm, vor dem Tode. Aber all das waren nur Masken und Verkleidungen. In Wirklichkeit gab es nur eines, vor dem man Angst hatte: das Sichfallenlassen, den Schritt in das Ungewisse hinaus, den kleinen Schritt hinweg über all die Versicherungen, die es gab. Und wer sich einmal, ein einziges Mal hingegeben hatte, wer einmal das große Vertrauen geübt und sich dem Schicksal anvertraut hatte, der war befreit. Er gehorchte nicht mehr den Erdgesetzen, er war in den Weltraum gefallen und schwang im Reigen der Gestirne mit. So war das. Es war so einfach, jedes Kind konnte das verstehen, konnte das wissen.

Er dachte dies nicht, wie man Gedanken denkt, er lebte, fühlte, tastete, roch und schmeckte es. Er schmeckte, roch, sah und verstand, was Leben war. Er sah die Erschaffung der Welt, er sah den Untergang der Welt, beide wie zwei Heerzüge beständig gegeneinander in Bewegung, nie vollendet, ewig unterwegs. Die Welt wurde immerfort geboren, sie starb immerfort. Jedes Leben war ein Atemzug, von Gott ausgestoßen. Jedes Sterben war ein Atemzug, von Gott eingesogen. Wer gelernt hatte, nicht zu widerstreben, sich fallen zu lassen, der starb leicht, der wurde leicht geboren. Wer widerstrebte, der litt Angst, der starb schwer, der wurde ungern geboren.

Im grauen Regendunkel über dem Nachtsee sah der Untersinkende das Spiel der Welt gespiegelt und dargestellt: Sonnen und Sterne rollten herauf, rollten hinab, Chöre von Menschen und Tieren, Geistern und Engeln standen gegeneinander, sangen, schwiegen, schrien, Züge von Wesen zogen gegeneinander, jedes sich selbst mißkennend, sich selbst hassend, und sich in jedem andern Wesen hassend und verfolgend. Ihrer aller Sehnsucht war nach Tod, war nach Ruhe, ihr Ziel war Gott, war die Wiederkehr zu Gott und das Bleiben in Gott! Es gab keine Ruhe! Es gab nur das ewige, ewige, herrliche, heilige Ausgeatmetwerden und Eingeatmetwerden, Gestaltung und Auflösung, Geburt und Tod, Auszug und Wiederkehr, ohne Pause, ohne Ende. Und darum gab es nur Eine Kunst, nur Eine Lehre, nur Ein Geheimnis: sich fallen lassen, sich nicht gegen Gottes Willen sträuben, sich an nichts klammern, nicht an Gut noch Böse. Dann war man erlöst, dann war man frei von Leid, frei von Angst, nur dann.

Sein Leben lag vor ihm wie ein Land mit Wäldern, Talschaften und Dörfern, das man vom Kamm eines hohen Gebirges übersieht. Alles war gut gewesen, einfach und gut gewesen, und alles war durch seine Angst, durch sein Sträuben zu Qual und Verwicklung, zu schauerlichen Knäueln und Krämpfen vom Jammer und Elend geworden! Es gab keine Frau, ohne die man nicht leben konnte – und es gab auch keine Frau, mit der man nicht hätte leben können. Es gab kein Ding in der Welt, das nicht ebenso schön, ebenso begehrenswert, ebenso beglückend war wie sein Gegenteil! Es war selig zu leben, es war selig zu sterben, sobald man allein im Weltraum hing. Ruhe von außen gab es nicht, keine Ruhe im Friedhof, keine Ruhe in Gott, kein Zauber unterbrach je die ewige Kette der Geburten, die unendliche Reihe der Atemzüge Gottes. Aber es gab eine andere Ruhe, im eigenen Innern zu finden. Sie hieß: Laß dich fallen! Wehre dich nicht! Stirb gern! Lebe gern!

Alle Gestalten seines Lebens waren bei ihm, alle Gesichter seiner Liebe, alle Wechsel seines Leidens. Seine Frau war rein und ohne Schuld wie er selbst, Teresina lächelte kindlich her. Der Mörder Wagner, dessen Schatten so breit über Kleins Leben gefallen war, lächelte ihm ernst ins Gesicht, und sein Lächeln erzählte, daß auch Wagners Tat ein Weg zur Erlösung gewesen war, auch sie ein Atemzug, auch sie ein Symbol, und daß auch Mord und Blut und Scheußlichkeit nicht Dinge sind, welche wahrhaft existieren, sondern nur Wertungen unserer eigenen, selbstquälerischen Seele. Mit dem Morde Wagners hatte er, Klein, Jahre seines Lebens hingebracht, im Verwerfen und Billigen, Verurteilen und Bewundern, Verabscheuen und Nachahmen hatte er sich aus diesem Morde unendliche Ketten von Qualen von Ängsten, von Elend geschaffen. Er hatte hundertmal voll Angst seinem eigenen Tode beigewohnt, er hatte sich auf dem Schafott sterben sehen, er hatte den Schnitt des Rasiermessers durch seinen Hals gefühlt und die Kugel in seiner Schläfe – und nun, da er den gefürchteten Tod wirklich starb, war es so leicht, war es so einfach, war es Freude und Triumph! Nichts in der Welt war zu fürchten, nichts war schrecklich – nur im Wahn machten wir uns all diese Furcht, all dies Leid, nur in unsrer eigenen, geängsteten Seele entstand Gut und Böse, Wert und Unwert, Begehren und Furcht.

Die Gestalt Wagners versank weit in der Ferne. Er war nicht Wagner, nicht mehr, es gab keinen Wagner, das alles war Täuschung gewesen. Nun, mochte Wagner sterben! Er, Klein, würde leben.

Wasser floß ihm in den Mund, und er trank. Von allen Seiten, durch alle Sinne floß Wasser herein, alles löste sich auf. Er wurde angezogen, er wurde eingeatmet. Neben ihm, an ihn gedrängt, so eng beisammen wie die Tropfen im Wasser, schwammen andere Menschen, schwamm Teresina, schwamm der alte Sänger, schwamm seine einstige Frau, sein Vater, seine Mutter und Schwester, und tausend, tausend, tausend andre Menschen, und auch Bilder und Häuser, Tizians Venus und das Münster von Straßburg, alles schwamm, eng aneinander, in einem ungeheuren Strom dahin, von Notwendigkeit getrieben, rasch und rascher, rasend – und diesem ungeheuren, rasenden Riesenstrom der Gestaltungen kam ein anderer Strom entgegen, ungeheuer, rasend, ein Strom von Gesichtern, Beinen, Bäuchen, von Tieren, Blumen, Gedanken, Morden, Selbstmorden, geschriebenen Büchern, geweinten Tränen, dicht, dicht, voll, voll, Kinderaugen und schwarze Locken und Fischköpfe, ein Weib mit langem starrem Messer im blutigen Bauch, ein junger Mensch, ihm sehr ähnlich, das Gesicht voll heiliger Leidenschaft, das war er selbst, zwanzigjährig, jener verschollene Klein von damals! Wie gut, daß auch diese Erkenntnis nun zu ihm kam: daß es keine Zeit gab! Das einzige, was zwischen Alter und Jugend, zwischen Babylon und Berlin, zwischen Gut und Böse, Geben und Nehmen stand, das einzige, was die Welt mit Unterschieden, Wertungen, Leid, Streit, Krieg erfüllte, war der Menschengeist, der junge ungestüme und grausame Menschengeist im Zustand der tobenden Jugend,, noch fern vom Wissen, noch weit von Gott. Er erfand Gegensätze, er erfand Namen. Dinge nannte er schön, Dinge häßlich, diese gut, diese schlecht. Ein Stück Leben wurde Liebe genannt, ein andres Mord. So war dieser Geist, jung, töricht, komisch. Eine seiner Erfindungen war die Zeit. Eine feine Erfindung, ein raffiniertes Instrument, sich noch inniger zu quälen und die Welt vielfach und schwierig zu machen! Von allem, was der Mensch begehrte, war er immer nur durch Zeit getrennt, nur durch diese Zeit, diese tolle Erfindung! Sie war eine der Stützen, eine der

Krücken, die man vor allem fahren lassen mußte, wenn man frei werden wollte.

Weiter quoll der Weltstrom der Gestaltungen, der von Gott eingesogene, und der andere, ihm entgegen, der ausgeatmete. Klein sah Wesen, die sich dem Strom widersetzten, die sich unter furchtbaren Kämpfen aufbäumten und sich grauenhafte Qualen schufen: Helden, Verbrecher, Wahnsinnige, Denker, Liebende, Religiöse. Andre sah er, gleich ihm selbst, rasch und leicht in inniger Wollust der Hingabe, des Einverstandenseins dahingetrieben, Selige wie er. Aus dem Gesang der Seligen und aus dem endlosen Qualschrei der Unseligen baute sich über den beiden Weltströmen eine durchsichtige Kugel oder Kuppel aus Tönen, ein Dom von Musik, in dessen Mitte saß Gott, saß ein heller, vor Helle unsichtbarer Glanzstern, ein Inbegriff von Licht, umbraust von der Musik der Weltchöre, in ewiger Brandung.

Helden und Denker traten aus dem Weltstrom, Propheten, Verkünder. „Siehe, das ist Gott der Herr, und sein Weg führt zum Frieden", rief einer, und viele folgten ihm. Ein andrer verkündete, daß Gottes Bahn zum Kampf und Kriege führe. Einer nannte ihn Licht, einer nannte ihn Nacht, einer Vater, einer Mutter. Einer pries ihn als Ruhe, einer als Bewegung, als Feuer, als Kühle, als Richter, als Tröster, als Schöpfer, als Vernichter, als Verzeiher, als Rächer. Gott selbst nannte sich nicht. Er wollte genannt, er wollte geliebt, er wollte gepriesen, verflucht, gehaßt, angebetet sein, denn die Musik der Weltchöre war sein Gotteshaus und war sein Leben – aber es galt ihm gleich, mit welchen Namen man ihn pries, ob man ihn liebte oder haßte, ob man bei ihm Ruhe und Schlaf, oder Tanz und Raserei suchte. Jeder konnte suchen. Jeder konnte finden.

Jetzt vernahm Klein seine eigene Stimme. Er sang. Mit einer neuen, gewaltigen, hellen, hallenden Stimme sang er laut, sang er laut und hallend Gottes Lob, Gottes Preis. Er sang im rasenden Dahinschwimmen, inmitten der Millionen Geschöpfe, ein Prophet und Verkünder. Laut schallte sein Lied, hoch stieg das Gewölbe der Töne auf, strahlend saß Gott im Innern. Ungeheuer brausten die Ströme hin.

Hermann Hesse: Klein und Wagner

Ein Mann hatte einen Traum

Ein Mann hatte nachts einen Traum. Er träumte, daß er mit Gott am Strand spazieren ginge. Am Himmel zogen Szenen aus seinem Leben vorbei. Und für jede Szene aus seinem Leben waren Spuren im Sand zu sehen.

Als er auf die Fußspuren im Sand zurückblickte, sah er, daß manchmal zwei Spuren und manchmal nur eine Spur da war. Er bemerkte weiter, daß sich zu Zeiten größerer Not und Trauer nur eine Spur zeigte.

Deshalb fragte er den Herrn: „Herr, ich habe bemerkt, daß zu den traurigen Zeiten meines Lebens nur eine Spur zu sehen ist. Du hast aber versprochen, stets bei mir zu sein. Ich verstehe nicht, warum du mich da, wo ich dich am nötigsten brauchte, allein gelassen hast."

Da antwortete der Herr: „Mein liebster Freund, ich liebe dich und würde dich niemals verlassen. In den Tagen, in denen du am meisten gelitten und mich am nötigsten gebraucht hast, da habe ich dich getragen."

Unbekannt

Ich brauche dich

Daß ich dich brauche, nur dich, soll mein Herz wiederholen endlos. Alle Wünsche, die mich zerreißen Tag und Nacht, sind nichtig bis auf den Grund.

Wie die Nacht in ihrem Dunkel den Drang nach Licht birgt, so ringt aus der Tiefe des Unbewußten der Schrei sich los: „Ich brauche dich, nur dich!"

Wie der Sturm sein Ziel im Frieden sucht, wenn er den Frieden bekämpft mit all seiner Macht, so schlägt mein

Aufruhr gegen deine Liebe, und doch ist mein Schrei: „Ich
brauche dich, nur dich!"
R. Tagore: Gitanjali

Aus der Tiefe rufe ich

Aus der Tiefe rufe ich, Herr, zu Dir,
höre, o Herr, meine Stimme.

Laß Deine Ohren achten
auf mein Rufen und Flehn.

Wolltest Du, Herr, der Sünden gedenken –
Herr, wer würde dann noch bestehen?

Aber die Sünden finden Vergebung bei Dir,
daß man in Ehrfurcht Dir diene.

Ich vertrau auf den Herrn,
meine Seele vertraut auf sein Wort.

Meine Seele harrt auf den Herrn,
mehr als die Wächter aufs Morgenrot.

Mehr als die Wächter aufs Morgenrot
soll Israel harren des Herrn.

Denn bei dem Herrn ist Barmherzigkeit,
und reiche Erlösung bei Ihm.

Erlösen wird Er sein Volk
von all seiner Missetat.
Deutscher Psalter. Übers. Romano Guardini

Nicht ins Bodenlose

Ich habe gefühlt, daß ich jetzt sterben muß. Ich habe gefühlt, daß ich sinke, tiefer und tiefer. Ich habe an nichts gedacht, nichts aus dem Evangelium oder aus der Theologie ist mir eingefallen, kein Gedanke an Gott und Christus, an ein Gebet oder Sakrament. Ich habe nur gefühlt, daß ich falle, aber nicht ins Bodenlose. Ich war mir ganz sicher: Wenn ich unten bin, werde ich gehalten, bin ich geborgen. Wenn alle Theologie, die ich aufgenommen und selbst getrieben hatte, wenn alle Sakramente, die ich gefeiert habe, und die ganze Botschaft des Evangeliums, die ich geglaubt habe, dieses eine bewirkt haben, dann hat es sich gelohnt.

Ferdinand Klostermann (1982, nach einer schweren Operation vier Tage vor seinem Tod)

„Die Einsamkeit – wie ein gefrorener See um mich her"

Von der Einsamkeit, der Geduld und dem langen Weg

Im Sterben ist jeder Mensch ganz auf sich zurückgeworfen. Der sterbende Mensch spürt sehr eindringlich: ‚Nur ich habe jetzt diese Schmerzen, nur ich kann mich nicht mehr bewegen. Nur ich werde schwächer. Ich habe diese Mühe mit meinem Körper.' Gerade durch die körperliche Schwäche und das körperliche Unwohlsein spürt er, daß der Tod unaufhaltsam näher kommt. Nirgendwo wie in der Begegnung mit dem Tod spüren wir so unerbittlich unsere Einsamkeit, unser Alleinsein. Wir spüren: Diesen Weg werde ich alleine gehen müssen. Niemand kann mich darin begleiten, und wenn nahe Menschen da sind, so können sie nur bis zu einer gewissen Grenze mitkommen, und dann muß ich alleine weitergehen.

Haben wir früher unsere Einsamkeit durch viele Aktivitäten überdeckt und lassen wir vielleicht zum ersten Mal unsere Einsamkeit zu, so ist diese zunächst sehr erschreckend. Wir fühlen uns verlassen, einsam und allein der Grausamkeit des Todes ausgeliefert. Wir wollen uns dagegen wehren, uns erscheint es zu hart, wir wollen am liebsten laut aufschreien. Aber je vertrauter uns unsere Einsamkeit wird, desto mehr können wir uns selbst in dieser Einsamkeit begleiten, wir können ein Gefühl tiefer, befreiender Wahrheit erfahren: Ja, ich bin allein. Und eigentlich bin ich das schon immer gewesen. Wir können uns so langsam mit der Einsamkeit anfreunden, sie uns vertraut machen. Dadurch verliert sie an Schrecken. Langsam wächst ein Ja zu dieser zu jedem Menschen gehörenden Einsamkeit. Mit dem Ja, mit der Hingabe an die Einsamkeit erfahren wir gleichzeitig, neben all ihrer Schwere auch ihren Reichtum und das Aufgehobensein. Das Alleinsein und die Einsamkeit kann sich so immer wieder für Momente in das All-eins und das Ein-sein wandeln.

Hyperions Schicksalslied

Ihr wandelt droben im Licht
Auf weichem Boden, selige Genien!
Glänzende Götterlüfte
Rühren euch leicht,
Wie die Finger der Künstlerin
Heilige Saiten.

Schicksalslos, wie der schlafende
Säugling, atmen die Himmlischen;
keusch bewahrt
In bescheidener Knospe,
Blühet ewig
Ihnen der Geist,
Und die seligen Augen
Blicken in stiller
Ewiger Klarheit.

Doch uns ist gegeben,
Auf keiner Stätte zu ruhn,
Es schwinden, es fallen
Die leidenden Menschen
Blindlings von einer
Stunde zur andern,
Wie Wasser von Klippe
zu Klippe geworfen,
Jahrelang ins Ungewisse hinab.

Friedrich Hölderlin: Sämtliche Werke Band I

Ich glaube an die Schönheit der Trauer

Herr, du hast mich aus meinem Land geführt und mich in ein anderes geleitet, und du hast mir die Macht des Todes über das Leben und die Herrschaft des Kummers über die Freude offenbart. Du hast eine weiße Lilie in die Wüste meines gebrochenen Herzens gepflanzt und hast mich zu einem weit entfernten Tal gebracht, um mir ein totes Herz zu zeigen.

O ihr Freunde meines Einsamseins und meiner Verbannung! Gott wollte, daß ich den bitteren Kelch des Lebens trinke. Sein Wille ist geschehen. Wir sind nichts als zerbrechliche Bauteile im Himmel der Unendlichkeit; und wir können nur gehorchen und uns dem Willen der Vorsehung unterwerfen.

Wenn wir lieben, stammt unsere Liebe weder von uns, noch ist sie für uns. Wenn wir uns freuen, ist unsere Freude nicht in uns, sondern im Leben selbst. Wenn wir leiden, liegt unsere Not nicht in unseren Wunden, sondern im tiefsten Herzen der Natur.

Ich beklage mich nicht, wenn ich diese Geschichte erzähle; denn wer sich beklagt, zweifelt am Leben, doch ich habe einen starken Glauben. Ich glaube an den Wert der Bitterkeit, die in jedem Schluck liegt, den ich aus dem Becher des Lebens trinke. Ich glaube an die Schönheit der Trauer, die in mein Herz dringt. Und ich glaube letztendlich an das Erbarmen dieser stählernen Finger, die meine Seele zermalmen.

Khalil Gibran: Das große Khalil Gibran Lesebuch

Seltsam im Nebel zu wandern

Seltsam, im Nebel zu wandern!
Einsam ist jeder Busch und Stein,
kein Baum sieht den andern,
jeder ist allein.

Voll von Freunden war mir die Welt,
als noch mein Leben licht war;
nun, da der Nebel fällt,
ist keiner mehr sichtbar.

Wahrlich, keiner ist weise,
der nicht das Dunkel kennt,
das unentrinnbar und leise
von Allem ihn trennt.

Seltsam, im Nebel zu wandern!
Leben ist Einsamsein.
Kein Mensch kennt den andern,
jeder ist allein.

Hermann Hesse: Die Gedichte

Wir sind einsam

„Kein Mensch ist eine Insel", hat John Donne gesagt. Ich glaube, daß wir alle Inseln sind – in einem gemeinsamen Meer.

Wir sind im Letzten alle allein. Und diesen Ur-Zustand der Einsamkeit zu ändern, liegt nicht in unserem Belieben. Es ist, wie Rainer Maria Rilke sagt, „nichts, was man wählen oder lassen kann. Wir sind einsam. Man kann sich darüber täuschen und tun, als wäre es nicht so. Das ist alles. Wieviel besser ist es aber, einzusehen, daß wir es sind, ja geradezu, davon auszugehen. Da wird es freilich geschehen", fährt er fort, „daß wir schwindeln."

Natürlich. Wie ungern denkt man daran, daß man einsam ist! Wie weicht man dem aus! Ablehnung und Unbeliebtheit scheinen darin zu liegen. Dem Wort haftet ein jugendlicher Mauerblümchen-Komplex an. Man fürchtet, verlassen auf dem Stuhl an der Wand zu sitzen, während die erfolgreichen Mädchen schon geholt worden sind und sich mit ihren verlegenen Tänzern auf dem Parkett drehen. Wir scheinen heute solche Angst vor dem Alleinsein zu haben, daß wir es nie dazu kommen lassen.

...

Es ist nicht die körperliche Einsamkeit, die uns von den anderen Menschen trennt, nicht die körperliche, sondern die seelische Isoliertheit. Nicht die einsame Insel, noch die steinige Wüste trennt uns ab von denen, die wir lieben. Es ist die Wüste in unserer Seele, das Brachland in unseren Herzen, durch das wir fremd und verloren streifen. Ist man sich selber fremd, dann ist man auch den anderen entfremdet. Ohne Zugang zum eigenen Ich kann man auch keinen Zugang zu anderen finden. Wie oft habe ich in der großen Stadt einem Freund die Hand gegeben und die Wüste gespürt, die ihn von mir trennte. Beide wanderten wir über verbrannte Steppen und hatten den Weg zu den Quellen verloren, die uns nährten – oder hatten sie versiegt gefunden. Langsam begreife ich, daß man nur durch die Verbundenheit mit dem eigenen Wesenskern den anderen verbunden ist. Und ich bin der Meinung, daß man das eigene Ich, die innere Quelle, am besten in der Einsamkeit wiederfindet.

Anne Morrow Lindberg: Muscheln in meiner Hand

Namenlos allein

Im Grunde, und gerade in den tiefsten und wichtigsten Dingen sind wir namenlos allein, und damit einer dem anderen raten oder gar helfen kann, muß viel geschehen, muß viel gelingen, eine ganze Konstellation von Dingen muß eintreffen, damit es einmal glückt. Ich habe mich oft gefragt, ob nicht gerade die Tage, die wir gezwungen sind, müßig zu sein, diejenigen sind, die wir in tiefster Tätigkeit verbringen? Ob nicht unser Handeln selbst, wenn es später kommt, nur der letzte Nachklang einer großen Bewegung ist, die in untätigen Tagen in uns geschieht? Jedenfalls ist es sehr wichtig, mit Vertrauen müßig zu sein, mit Hingabe, womöglich mit Freude.

Rainer Maria Rilke: Lektüre für Minuten

All das ist nicht wegzuleugnen

Man muß seinen Sinnen und Kräften mißtrauen lernen. Der Weg, der vor kurzem noch ein kleines Spaziergängchen war, wird lang und mühsam, und eines Tages können wir ihn nicht mehr gehen. Auf die Speise, die wir zeitlebens so gern gegessen haben, müssen wir verzichten. Die körperlichen Freuden und Genüsse werden seltener und müssen immer teurer bezahlt werden. Und dann alle die Gebrechen und Krankheiten, das Schwachwerden der Sinne, das Erlahmen der Organe, die vielen Schmerzen, zumal in den oft so langen und bangen Nächten – all das ist nicht wegzuleugnen, es ist bittere Wirklichkeit. Aber ärmlich und traurig wäre es, sich einzig diesem Prozeß des Verfalls hinzugeben ...

Das Schauen, das Betrachten, die Kontemplation wird immer mehr zu einer Gewohnheit und Übung, und unmerklich durchdringt die Stimmung und Haltung des Betrachtenden unser ganzes Verhalten. Von Wünschen, Träumen, Begierden, Leidenschaften gejagt sind wir, wie die Mehrzahl der Menschen, durch die Jahre und Jahrzehnte unseres Lebens gestürmt, ungeduldig, gespannt, erwartungsvoll, von Erfüllungen oder Enttäuschungen heftig erregt – und heute, im großen Bilderbuch unsres eigenen Lebens behutsam blätternd, wundern wir uns darüber, wie schön und gut es sein kann, jener Jagd und Hetze entronnen und in die vita contemplativa gelangt zu sein. Hier, in diesem Garten der Greise, blühen manche Blumen, an deren Pflege wir früher kaum gedacht haben. Da blüht die Blume der Geduld, ein edles Kraut, wir werden gelassener, nachsichtiger, und je geringer unser Verlangen nach Eingriff und Tat wird, desto größer wird unsre Fähigkeit, dem Leben der Natur und dem Leben der Mitmenschen zuzuschauen und zuzuhören, es ohne Kritik und mit immer neuem Erstaunen über seine Mannigfaltigkeit an uns vorüberziehen zu lassen, manchmal mit Teilnahme und stillem Bedauern, manchmal mit Lachen, mit heller Freude, mit Humor.

Hermann Hesse: Über das Alter

Geduld ist schwer

... Aber Geduld ist schwer. Geduld ist für den Geist das Schwerste. Es ist das Schwerste und ist das Einzige, was zu lernen sich lohnt.

Alle Natur, alles Wachstum, aller Friede, alles Gedeihen und Schöne in der Welt beruht auf Geduld, braucht Zeit, braucht Stille, braucht Vertrauen, braucht den Glauben an langfristige Dinge und Prozesse von viel längerer Dauer als ein einziges Leben dauert. Glauben an Zusammenhänge und Sinne, die keiner Einsicht eines Einzelnen zugänglich sind.

„Geduld" sage ich, und könnte ebensogut sagen, Glauben/Gottvertrauen, Weisheit, Kindheit, Einfalt.

Wie seltsam lange braucht man, um sich selbst ein klein wenig zu kennen – wie viel länger um Ja zu sich zu sagen und in einem überegoistischen Sinne mit sich einverstanden zu sein. Wie muß man doch immer wieder an sich herummachen, mit sich kämpfen, Knoten lösen, Knoten durchhauen, neue Knoten knüpfen! Ist man damit einmal zu Ende, ist einmal die volle Einsicht, die volle Harmonie, das volle fertige Lächeln und Ja-sagen da, ist dies Ziel einmal erreicht: dann lächelt man und stirbt, das ist die Er-

122

füllung des Diesmaligen, der willige Eintritt ins Gestalt-
lose, um daraus wiedergeboren zu werden.
Hermann Hesse: Auszug aus dem Tagebuch 1920/21

Geduld

Geduld ist in der Berge langem Bleiben
Und in der Ewigkeit des Regenfalls.
Geduld ist eines Baumes stetig Treiben
Und der gestrahlte Ausbau des Kristalls –

Wo ist ein Ding, das anders sich vollende?

Vollkommen ist der Same. Und vollkommen
Ist auch der Keim. Ist Ast und Schaft und Blatt.
Warum hast du dies Herz nicht angenommen?
Nur, weil es seine Blüte noch nicht hat?

Vielleicht braucht es zum Aufblühn deine Hände –

Ach – Gott ist anders! Sieht er dem Verwandeln
Der Seele nicht groß und gelassen zu?
Und zieht er um ihr sich entfaltend Handeln
Nicht einen Horizont von Raum und Ruh,

Den der Gestirne Bogen überschneiden?

Himmlischer Einklang – sphärisches Entzücken!
Wenn nur die Seele dies begreift und nicht
Sich anmaßt, selbst ihr Zentrum zu verrücken,
Sich selbst begibt in ein ihr fremdes Licht –

Geduld ist Wachsen. Ungeduld wird Leiden. –
Ina Seidel: Gedichte

123

Aber sie vergehen doch

Dann steige ich im kalten Nebenzimmer ins Bett, ohne zu wissen warum, denn ich kann wenig schlafen. Ich sehe das Fensterviereck, den weißen Waschtisch, ein weißes Bild überm Bett in der Nachtblässe schwimmen, ich höre den Sturm im Dach poltern und an den Fenstern zittern, höre das Stöhnen der Bäume, das Fallen des gepeitschten Regens, meinen Atem, meinen leisen Herzschlag. Ich mache die Augen auf, ich mache sie wieder zu; ich versuche an meine Lektüre zu denken, doch gelingt es mir nicht. Statt dessen denke ich an andere Nächte, an zehn, an zwanzig vergangene Nächte, da ich ebenso lag, das ebenso das bleiche Fenster schimmerte und mein leiser Herzschlag die blassen, wesenlosen Stunden abzählte. So vergehen die Nächte.

Sie haben keinen Sinn, so wenig wie die Tage, aber sie vergehen doch, und das ist ihre Bestimmung. Sie werden kommen und vergehen, bis sie wieder irgendeinen Sinn erhalten oder auch bis sie zu Ende sind, bis mein Herzschlag sie nimmer zählen kann. Dann kommt der Sarg, das Grab, vielleicht an einem hellblauen Septembertag, vielleicht bei Wind und Schnee, vielleicht im schönen Juni, wenn der Flieder blüht.

Immerhin sind meine Stunden nicht alle so. Eine, eine halbe von hundert ist doch anders. Dann fällt mir plötzlich das wieder ein, an was ich eigentlich immerfort denken will und was mir die Bücher, der Wind, der Regen, die blasse Nacht immer wieder verhüllen und entziehen. Dann denke ich wieder: Warum ist das so? Warum hat Gott dich verlassen? Warum ist deine Jugend von dir gewichen? Warum bist du so tot?

Das sind meine guten Stunden. Dann weicht der erdrückende Nebel. Geduld und Gleichgültigkeit fliehen fort, ich schaue erwacht in die scheußliche Öde und kann wieder fühlen. Ich fühle die Einsamkeit wie einen gefrorenen See um mich her, ich fühle die Schande und Torheit dieses Lebens, ich fühle den Schmerz um die verlorene Jugend grimmig flammen. Es tut weh, freilich, aber es ist

doch Schmerz, es ist doch Scham, es ist doch Qual, es ist
doch Leben, Denken, Bewußtsein.

Hermann Hesse: Taedium vitae

Du dort oben

Du, dort oben,
wenn es dort jemanden gibt,
    der weiß, was hier vorgeht:
Vergelte mir heute das Leid,
    das ich erduldet habe.

Der Eine,
    der alles verursacht,
wer er auch sein mag:
Ich habe jetzt genug vom Leben.
Vergönne mir den Tod.

Mein Kummer ist übermächtig.

Obwohl Kinder furchtsam sind,
so sterben sie doch grausame Tode, sagt man.
Obwohl Frauen furchtsam sind,
so läßt du sie doch grausame Tode sterben.

Ich möchte nicht lange leben;
    wenn ich lange leben müßte,
so würde mein Kummer übermächtig sein;
    ich möchte das nicht.

Rudolf Kaiser: Indianischer Sonnengesang

Terzinen vom Leiden

Das überlittne Leiden, das sich nimmer
In Tränen, Seufzern und Geschrei erweiset –
Das nur noch da ist. Dauerhaft und immer,

Wie eine Krankheit, die im Blut umkreiset –
Sie wird nicht besser und wird nicht mehr schlimmer –
du duldest still, daß deine Kraft sie speiset –

Das überlittne Leiden ist nicht Ende,
Doch großer Wandlung erstes Atemholen,
Die erste Neigung hin zur tiefsten Wende,

Der du dich willig, wenn schon ganz verstohlen,
Hingibst, daß sie dich löste und entbände,
Und ihm, der lautlos naht auf Flügelsohlen

Leicht überliefert in die sanften Hände. –
Ina Seidel: Gedichte

126

„Wenn ich mich danach sehne fortzugehen"

Vom Bereitwerden

Fast jeder sterbende Mensch erfährt irgendwann auf seinem Weg der Erkrankung Momente und Zeiten, in denen er mit seinem Sterben einverstanden ist, ja sich sogar oftmals den Tod herbeisehnt. Bei manchen Menschen entsteht dieses Sehnen durch die lange Zeit ihrer Erkrankung, die vielen Schmerzen, das Auf und Ab von Hoffen und Bangen. Es scheint, als ob sich die Lebenskräfte immer mehr aufbrauchen, das Dasein im Körper zu mühsam und schwer wird. Bei manchen wächst diese Einstellung aber auch aus der Fülle ihres gelebten Lebens. Sie haben das Gefühl, daß ihr Leben ‚voll', abgerundet, ‚ganz' ist. Es ist, als ob sich die irdischen Fäden immer mehr lösen und die Seele ein Verlangen entwickelt, weiterzugehen. Manchmal wird die Neugierde, wie es nach dem Tod weitergeht, größer als die Angst und die Unsicherheit davor. Der sterbende Mensch spürt, wie der Tod in ihm wächst, an das Tor seines Lebens klopft und er immer bereiter wird, dieses Tor für den Tod zu öffnen.

Das Verlangen der Seele

Ein Bewußtsein, das mehr mit irdischen Sorgen und Bindungen beschäftigt ist, kann die Seele nicht dem Licht überlassen. Wenn du einen Ballon aufsteigen läßt, wird er hoch hinauffliegen, aber nach einiger Zeit sinkt er wieder. Er steigt wegen der Luft, die er enthält, er sinkt wegen seiner irdischen Substanzen. Die Seele hat das Verlangen, zu den höchsten Sphären aufzusteigen, zu denen sie gehört. Das ist ihr Wesen. Doch die irdische Substanz, die sie angezogen hat, bringt sie wieder herab zur Erde. Ein Drachen steigt auf, aber die Schnur in der Hand des Menschen bringt ihn zurück zur Erde. Die irdischen Bindungen sind die Schnur, die die Seele zurückziehen. Wir sehen, wie der Rauch aufsteigt und auf seinem Weg alle irdische Substanz zurückläßt, ehe er sich mit dem Äther vermischt. Ebenso kann die Seele sich nicht aus den niederen Regionen erheben, ehe sie sich nicht von allen irdischen Wünschen und Bindungen freigemacht hat.

Hazrat Inayat Khan: Wanderer auf dem inneren Pfad

Lied der Erde

Ich bin von der Erde.
Sie ist meine Mutter.
Sie gebar mich mit Stolz.
Sie zog mich auf mit Liebe.
Sie wiegte mich am Abend.
Sie schob den Wind herbei
    und ließ ihn singen.
Sie errichtete mir ein Haus
    aus harmonischen Farben.
Sie nährte mich
    mit den Früchten ihrer Felder.
Sie belohnte mich
    mit der Erinnerung an ihr Lächeln.
Sie bestrafte mich
    mit dem Dahinschwinden der Zeit.
Und am Ende,
    wenn ich mich danach sehne
    fortzugehen,
    wird sie mich umarmen
    für alle Ewigkeit.

Rudolf Kaiser: Indianischer Sonnengesang

Die lockende Stimme

... Seit er die Lebenshöhe überschritten hatte und tiefer ins Tal der langen Schatten hinabgestiegen war, hatten seine Gedanken die Flucht vor dem Tode aufgegeben. Von wo er kam, und wohin er ging, schien ihm ein und dasselbe Land. Die lockende Stimme des Lebens, die ihn seit Kinderzeiten jeden Tag gerufen und seine Schritte vorwärts und vorwärts getrieben hatte, war ihm allmählich zur Stimme des Todes geworden, welche von jenseits rief und der zu folgen nicht minder schön und seltsam war. Leben und Tod, das waren nur Namen, aber die lockende Stimme war da und sang und zog und hieß ihn im guten Takt der Tage schreiten, und der Weg führte nach der Heimat.

Hermann Hesse: Das Haus der Träume

Wenn ich das letzte Lied singe

Laß es schön sein,
Wenn ich das letzte Lied singe.
Laß es Tag sein,
Wenn ich das letzte Lied singe.

Ich möchte auf meinen beiden Füßen stehen,
Wenn ich das letzte Lied singe.

Ich möchte mit meinen Augen hochblicken,
Wenn ich das letzte Lied singe.

Ich möchte,
Daß die Winde meinen Körper umschließen,
Wenn ich das letzte Lied singe.

Ich möchte,
Daß die Sonne auf meinen Körper scheint,
Wenn ich das letzte Lied singe.

Laß es schön sein,
Wenn ich das letzte Lied singe.
Laß es Tag sein,
Wenn ich das letzte Lied singe.

Rudolf Kaiser: Indianischer Sonnengesang

Von Angesicht zu Angesicht

Werde ich Tag für Tag, o Herr meines Lebens, vor dir stehn
von Angesicht zu Angesicht?

Mit gefalteten Händen, o Herr aller Welten, werd ich
vor dir stehn von Angesicht zu Angesicht?

Unter deinem großen Himmel in Schweigen und Einsamkeit mit demütigem Herzen werd ich vor dir stehn von
Angesicht zu Angesicht?

In dieser deiner geschäftigen Welt, geräuschvoll von
Mühen und Kämpfen, werd ich vor dir stehn von Angesicht zu Angesicht?

Und wenn mein Werk getan ist in dieser Welt, o König
der Könige, werd ich allein und sprachlos vor dir stehn von
Angesicht zu Angesicht?

Rabindranath Tagore: Gitanjali

Die Zeit ist gekommen

Ich habe die Ladung gehabt zum Fest dieser Welt, und so
ist mein Leben gesegnet. Meine Augen haben gesehn,
meine Ohren gehört.

Mein Teil auf diesem Feste war, mein Instrument zu
spielen, ich habe alles, was ich konnte, getan.

Nun frag ich, ist endlich die Zeit mir gekommen, wo ich
eintreten darf und dein Antlitz sehn und dir schweigend
bieten meinen Gruß?

Rabindranath Tagore: Gitanjali

Laßt mich allein

Dann laßt mich allein, Freunde! Laßt mich allein, und entfernt euch mit leisen Schritten – wie das Schweigen in den weiten Tälern!
Laßt mich allein, und trennt euch von mir in aller Stille, wie sich die Blüten der Mandel- und Apfelbäume zerstreuen, wenn der Aprilwind vorbeizieht!
Kehrt in eure Häuser zurück, und dort findet ihr, was der Tod mir und euch nicht wegnehmen kann!
Verlaßt diesen Platz nun, denn der, den ihr sucht, hat sich weit entfernt aus dieser Welt.

Khalil Gibran: Eine Träne und ein Lächeln

Der Tod steht vor der Tür

Tod, dein Diener ist an meiner Tür. Er hat die unbekannte See gekreuzt und deine Botschaft in mein Haus gebracht.
Die Nacht ist dunkel, mein Herz ist furchtsam, und doch will ich die Lampe nehmen, mein Tor ihm öffnen, und ihm Willkommen bieten. Dein Bote ist es, der vor meiner Türe steht.
Ich will ihn ehren mit gekreuzten Händen, ihn ehren mit Tränen. Ich will ihn ehren und ihm den Schatz meines Herzens zu Füßen legen.
Er wird fortgehn, wenn er den Auftrag gesagt und wird auf meinem Morgen einen dunklen Schatten lassen, in meinem verlassenen Heim bleibt nur mein verlorenes Selbst, meine letzte Gabe für dich.

Rabindranath Tagore: Gitanjali

Die Nacht

Die Nacht dunkelte. Unser Tagewerk war getan. Wir glaubten den letzten Gast gekommen zur Nacht, und die Tore des Dorfes wurden geschlossen. Nur einige riefen: „der König wird kommen." Wir aber lachten und sprachen: „Es kann nicht sein."

Uns schien, es klopfte am Tor, doch wir sagten, es sei nur der Wind. Wir löschten die Lampen und legten uns nieder zum Schlaf. Nur einige riefen: „Der Bote ists." Wir aber lachten und sprachen: „Es ist nur der Wind."

Da kam ein Ton durch die tiefe Nacht. Uns Schläfrigen deucht es wie ferner Donner. Die Erde erbebte, die Mauern wankten und störten uns auf vom Schlaf. Nur einige riefen: „Der Ton von Rädern wars." Wir aber murmelten schläfrig: „Es muß das Krachen der Wolken sein!"

Die Nacht war noch dunkel, da klang die Drommete. Die Stimme rief: „Wacht auf, zögert nicht!" Wir drückten die Hände aufs Herz und schauderten furchtsam. Nur einige riefen: „Schaut das Banner des Königs!" Wir sprangen auf unsre Füße und schrien: „Dann ist keine Zeit zum Verzug!"

Der König kam, – doch wo sind Lichter und wo sind Kränze? Wie ist ihm der Thron bereitet? O Schmach, o tiefe Schmach. Wo ist die Halle, der Schmuck? Und einer rief: „Eitel dies Schrein! Grüßt ihn mit leeren Händen, führt ihn zu euren nackten Stuben."

Öffnet die Tore, blast auf die Muschel!

In der Tiefe der Nacht kam der König zu unsern dunklen Häusern. Der Donner brüllte in den Himmel, das Dunkel erschauert von Blitzen. Bring heraus den verschlissenen Teppich und breit ihn im Hof aus. Mit dem Wetter kam plötzlich der König in furchtreicher Nacht.

Rabindranath Tagore: Gitanjali

Nun löst mir Kleid und Schuhe

Nun löst mir Kleid und Schuhe
Und macht mich wieder arm und bloß:
Ich suche Hüll und Ruhe
In einer Mutter sanftem Schoß.

Bin wieder Kind aufs neue
Mit meinem lichtgewordnen Haar,
Da winkts wie Muttertreue
Aus tiefen Grüften wunderbar.

Ich beug mich ohne Zagen
Zu ihrem blumenschweren Rand,
Denn unterm Herzen tragen
will mich ein mütterliches Land.

    Gertrud von Le Fort

Das andere Ufer

Einmal wird ein Ende
aller Irrfahrt sein.
Müdgewordne Hände
Ziehen die Segel ein.

Leise ruft der Rufer
allen Sturm zur Ruh.
Einem andern Ufer
Treibt der Nachen zu.

Und die vor mir gingen,
schauen nach mir aus,
um mich heimzubringen
in mein Vaterhaus.

Wortlos knie ich nieder
in den Silbersand.
Nimm mich, nimm mich wieder,
seliges Sonnenland!

Manfred Kyber: Genius Astri

„Nach innen geht
der geheimnisvolle Weg"

Von der Schwelle

Irgendwann einmal ist die Zeit gekommen, wo der Sterbende an der Schwelle zwischen dem Diesseits und dem Jenseits steht. Es wird für jeden Menschen ganz individuell und unterschiedlich sein, wie er dorthin kommt, ob klar und bewußt oder mehr oder weniger unbewußt. Für einige ist es ein langsamer, von vielen Auf- und Abwärtsbewegungen begleiteter mühevoller Ablauf. Sie quälen sich vielleicht, klammern sich an Wünsche und Hoffnungen, rebellieren und müssen dann doch immer wieder einsehen, daß die Krankheit ihren Fortgang nimmt, daß etwas in ihnen unaufhaltsam dem Ende zusteuert. Andere wieder scheinen mühelos und im Einverständnis dieser Schwelle entgegenzustreben, wieder andere ersehnen sogar den Übergang oder freuen sich darauf. Da kann man dann hören, daß jemand von Tag zu Tag ganz ungeduldig sagt: „Ich weiß nicht, warum der Herrgott mich so lange warten läßt!"

Viele Sterbende haben irgendwann ein Erlebnis, daß sie durch einen Traum oder eine Art Schau schon einmal über die Grenze in das Reich jenseits des Todes sehen können, und manche erzählen uns davon, wenn wir sie ermutigen.

Beschreibungen anderer Menschen, die diese inneren Bilder in Worte umgesetzt haben, können manchmal ein Vermittler zum Gespräch sein. Es können Fragen gestellt oder von eigenen Erfahrungen, Wünschen oder Gewißheiten gesprochen werden.

Oder der oder die Sterbende kann Anregungen und Hilfen erfahren, die ihm oder ihr behilflich sind, zu eigenen Bildern und Vorstellungen zu kommen. Und aus manchen

Texten berührt uns ein Versprechen, daß es für einen jeden von uns eine Kraft gibt, eine Gnade oder Barmherzigkeit, die uns ,vom anderen Ufer her' entgegenkommt.

Nach innen geht der geheimnisvolle Weg

Die Tiefen unseres Geistes kennen wir nicht. – Nach innen geht der geheimnisvolle Weg. In uns oder nirgends ist die Ewigkeit mit ihren Welten, die Vergangenheit und Zukunft. Die Außenwelt ist die Schattenwelt, sie wirft ihren Schatten in das Lichtreich. Jetzt scheint es uns freilich innerlich so dunkel, einsam, gestaltlos, aber wie ganz anders wird es uns dünken, wenn diese Verfinsterung vorbei und der Schattenkörper hinweggerückt ist. Wir werden mehr genießen als je, denn unser Geist hat entbehrt.

Novalis: Werke

Ein Bündel weißer Narzissen

Der Engel: Was suchst du?
Die Frau: Meine Glocke. Ich muß meine Kinder wecken. Ich tu's nicht gern, sie brauchen ihren Schlaf, besonders in der Erntezeit. Wer weiß aber, was noch geschieht in dieser Nacht. Der erste Morgenwind fegt leicht die dürren Blätter in den Graben wie nichts. Es sterben viele in der Stunde vor Sonnenaufgang. Wenn ich nur meine Glocke …
Der Engel: Laß. Es ist zu spät.
Die Frau: Wer spricht mit mir?
Der Engel: Der Engel.
Die Frau: Ich habe wieder Fieber. Ich höre sprechen und ist doch keiner da, der spricht, jetzt mitten in der Nacht.
Der Engel: Du hast kein Fieber mehr. Ich spreche, und du hörst.
Die Frau: Du sagst, du bist ein Engel. Ich habe noch nie

einen Engel gehört, nicht mit den Ohren, vielleicht ganz innen, als Kind, wenn ich etwas habe tun wollen, das unrecht war.

Der Engel: Bald wirst du mich sehen.

Die Frau: Du machst mir Angst. Du mußt verstehen: ich hab mir nie so etwas gewünscht. Das ist für Heiligenlegenden, ich aber bin eine Bäuerin, mir hat genügt zu sehen und zu hören, was auf der Erde heimisch ist. Ich will dich lieber nicht sehen. Vielleicht ist auch alles nur Trug und Versuchung, so etwas kommt vor, und man bildet sich leicht etwas ein, besonders wenn man krank ist und viel allein, und an das Sterben denkt. Vielleicht vergeht es, wenn ich das Kreuzzeichen nach ihm schlage ...

Der Engel: Hier ist die Glocke.

Die Frau: Du bist also noch da. Nun gut. Es ist jetzt ohnehin so vieles, das ich nicht verstehe ... Die Glocke, sagst du. Ja, gib sie. Das tut gut, was Wirkliches halten, etwas Festes, das man kennt. Aber was ist denn mit der Glocke? Der Klöppel schlägt an, und das Metall bleibt stumm. Und meine Stimme ist zu schwach. Wie soll ich meine Kinder wecken?

Der Engel: Ich sagte dir: es ist zu spät.

Die Frau: Warum sagst du: es ist zu spät? Ich rede doch, ich höre, ich kann mich bewegen. Warum soll ich nicht mit den Kindern sprechen? Soll ich denn ohne Abschied dahingehen?

Der Engel: Du bist schon auf dem Weg.

Die Frau: Auf welchem Weg? Und auf dem Weg wohin?

Der Engel: Zu *Seinem* Angesicht. Warum schreist du? Es hört dich keiner mehr als *Er* und ich.

Die Frau: Du sagst das leicht: nicht schreien. Ich habe Angst.

Der Engel: Warum? Hast du nicht furchtlos dein Sterben bedacht seit Jahren und wartest du nicht seit Kindertagen auf die Begegnung mit *Ihm?*

Die Frau: Ich warte auf den Schlaf, den tiefen guten Schlaf für alle Müdigkeit. So leg mich schlafen, Engel, bring mich zur Ruh. Sing mir, was meine Mutter gesungen hat und meine Muttersmutter. Ich will meine Augen zutun und sie zulassen für immer.

Der Engel: Es ist die Stunde nicht zum Schlafen. Höre! *Seine* Tauben fliegen aus. Der Tag beginnt und es wird Zeit. Steh auf und komm.

Die Frau: Ich kann nicht, ich bin müde, ich bin krank. Wenn ich aufstehen könnte, glaubst du, ich läge hier, jetzt wo die Ernte beginnt? Wir haben nicht Hände genug auf dem Hof, und nicht einmal zum Äpfelpflücken tauge ich mehr und nicht zum Rübenschneiden. Und du sagst: Steh auf und komm.

Der Engel: Du bist erwartet.

Die Frau: Von wem?

Der Engel: Du weißt es. Komm. Du bist längst bereit.

Die Frau: Hör, Engel, was ich sage. Ich bitte dich nicht für mich, du kannst mir's glauben. Ich bitte dich nur für meinen Hof und um der Kinder willen: laß mich noch eine Weile hier. Was wird, wenn ich jetzt gehe? Mein Sohn ist stark, er tut die Arbeit von zwei Knechten, aber zu jung, zu jung ist er, und es ist keine leichte Sache, einen Hof zu übernehmen so groß wie den. Das braucht Erfahrung. Und wenn ich auch hier liege, so kann ich doch noch manches tun, und raten, und verhüten. Meine Tochter, die ist dabei, eine Heirat zu machen, bei der nichts herauskommt als Unglück. Der Kerl taugt nichts, das sieht ein jeder, doch sie, sie hat die Augen verdreht im Kopf, und wenn ich jetzt geh, so rennt sie in ihr Unheil.

Der Engel: Du solltest jetzt bedenken, was wichtiger ist.

Die Frau: Das *ist* wichtig, Engel. Eine gute Hausfrau sorgt für das Ihre. Das ist ihr aufgegeben. Sie läßt nicht den Ofen im Stich, wenn das Brot darin bäckt, und nicht die Kuh, wenn sie kalbt, und nicht die Kinder, ehe sie nicht wieder Kinder haben. Aber vielleicht versteht das Euereins nicht.

Der Engel: Schon bäckt das Brot ohne dich, schon wirft die Kuh ihr Kalb ohne deinen Beistand. Folge mir.

Die Frau: Wie du das sagst. Das tut sich nicht so rasch. Geh du einmal über meine Äcker, wenn es geregnet hat. Du weißt nicht, wie schwer der Boden ist. Lehmboden. Fruchtbar ist er, aber wenn er feucht ist und du gehst darüber, denkst du bei jedem Schritt, die Erde hängt mit ihrem ganzen Gewicht an deinen Schuhen.

Der Engel: Du redest viel.

Die Frau: Immer wenn ich Angst habe, tu ich das.

Der Engel: Höre!

Die Frau: Hat da wer gerufen?

Der Engel: Du sagst es.

Die Frau: Wer? ... eilt es denn so? Nun ja. Was sein muß, das muß sein. Aber eines sag mir: was tut man vor *Ihm,* wenn man so fremd ankommt? Wirft man sich zu Boden? Küßt man *Ihm* den Ring wie dem Bischof, oder die Füße wie dem Kruzifix, wenn es auf den Altarstufen liegt am Karfreitag? Und was sagt man? Ist es wie in der Beichte? Bin ich allein vor *Ihm?* Muß ich meine Sünden sagen, alle, von Kindheit her? Aber *Er* weiß sie doch. Alle. *Er* weiß ...

Der Engel: Weine nicht. Bedenke *Sein* Erbarmen.

Die Frau: Ach, *Sein* Erbarmen, das wendet *Er* denen zu, die *Seinen* Blick auf sich ziehen mit Gewalt. Den großen Sündern gönnt *Er Sein* Erbarmen. Großes muß man getan haben, damit *Er* einen *Seine* Großmut fühlen lassen kann. Ich aber, ich habe nichts getan, was mich bei *Ihm* in Erinnerung bringen könnte. *Er* kann nicht sagen: Ach, das ist die, ich weiß, die hat das und das Gute, das und das Schlechte getan. Ich war nicht heiß und war nicht kalt. Die Lauen aber, die mag *Er* nicht.

Der Engel: Das Urteil überlasse *Ihm.*

Die Frau: Das Urteil, ach Engel ... *Er* wird mich ansehen mit einem Blick voll Langeweile und wieder wegsehen und mich nicht erkennen. Bin ich *Ihm* nicht wie ein Nähkorb voller Kram? Die kleinen Kümmernisse tagein tagaus, und Arbeit, die Krankheiten der Kinder, und sogar in der Kirche, mitten im Beten, fings in mir an zu rechnen: Getreidepreise, Dienstbotenlohn und Steuern, und das ging wie ein Mühlrad herum, und weg war die Andacht. Ich habe nichts, von dem ich jetzt sagen könnte: Schau dies an und das, es glänzt von meinem Eifer. Spinnweben in der Ecke, die fegt man fort. Hinweg damit. Glaub mir: wenn man so alt ist wie ich, da weiß man selber, wohin man paßt und wohin nicht, man hat das Schickliche ganz im Gefühl und die Gerechtigkeit, und man erspart gern sich und andern alle Umstände.

Der Engel: Wohin willst du gehen?

Die Frau: Ins Fegfeuer, wohin denn sonst. Ich werde den Weg schon finden, ganz allein. Man wird sie sicher von weitem weinen hören, die armen Seelen, die im Feuer sind.

Der Engel: Du warst bereits im Feuer.

Die Frau: Ich? Ich war in keinem Feuer. Verwechselst du mich nicht mit einer andern?

Der Engel: Wende dich um. Was siehst du?

Die Frau: Meinst du das kleine Mädchen im weißen Kleid? Es wird ein Erstkommunionkind sein.

Der Engel: Was tut es?

Die Frau: Es legt weiße Narzissen nieder vor einem Altar in einer Kirche, in der es ganz allein ist. Das ist alles, was ich sehe.

Der Engel: Der Geruch der Narzissen stieß süß auf zu *Ihm.* Gebündelt in die Narzissen war ein Gelübde.

Die Frau: Ein kindisches Gelübde, nichts weiter. Meine große Schwester hat damals den Schleier der Dominikanerinnen genommen, das hat mir Eindruck gemacht und ich habe es ihr nachtun wollen.

Der Engel: Warum weinst du?

Die Frau: Ich habe das Gelübde gebrochen.

Der Engel: Du hast verzichtet und *Er* hat deinen Verzicht gesehen, wie man ein Feuer auf einem Berg sieht in der Nacht.

Die Frau: Eine Schande mehr zu allen andern … Wäre ich nur halb so störrisch gewesen, wie ein Kalb, so hätte man mich gehen lassen. Trotzen hätte ich müssen oder

140

mich winden wie eine Katze. Aber der Hof war verschuldet, mein Bruder tot, die Eltern alt, und da hieß es: Geld muß her auf den Hof, heirate einen der Geld herbringt, und damit basta, und keine Flausen vom Kloster und dergleichen.

Der Engel: Er hat deine Tränen gezählt und *Seinen* Durst daran gestillt.

Die Frau: Bei uns Bauern hat immer der Hof das erste Recht, und jede von uns tut das Gleiche, wenns not ist. Wenn da ein Verdienst drin liegt ... Zur Widerrede, ja, da hätte Mut dazu gehört, das wäre ein Verdienst gewesen und hätte *Ihn* gefreut.

Der Engel: Dein Maß ist nicht das *Seine.* Wende dich nochmals um. Was siehst du?

Die Frau: Eine Frau, die Kartoffeln schält, nichts weiter.

Der Engel: Was noch?

Die Frau: Eine, die Pflanzen setzt im Krautgarten.

Der Engel: Und weiter?

Die Frau: Eine, die ein Schaf schert, und eine, die Getreide abwiegt, und wieder eine, die Hühner füttert, und eine die näht, eine die Wäsche aufhängt, eine die Wolle färbt, eine die sich über Rechnungen beugt, und eine mitten im Küchenrauch und Dampf.

Der Engel: Sind sie verdrossen? Sieh genau.

Die Frau: Nein, keine. Soviel ich sehe, sind sie heiter.

Der Engel: Erkennst du sie?

Die Frau: Eine sieht wie die Zwillingsschwester der andern aus.

Der Engel: Du bists. Dein Tagwerk ists, dein Leben und dein Lächeln.

Die Frau: Wenn ich es sein soll, Engel, so kann ich dir nur sagen: das ist das Tagwerk und das Leben einer jeden von uns, und jede tut was not ist, und was das Lächeln anlangt: das lernt man in der Ehe.

Der Engel: Du hast gelächelt auch wenn es keiner sah.

Die Frau: Man ist nie sicher, daß nicht einer da ist, der einen sieht. Am besten, man läßt sich nicht bei übler Laune überraschen.

Der Engel: Dein Lächeln war *Ihm* wie der Duft von Myrten inmitten des Gestanks nach Mißgunst und Verdrossenheit, der von der Erde aufsteigt.

Die Frau: Wie du sprichst. Ich bin eine Bäuerin, und solche Worte machen unsereins verlegen und auch ein wenig argwöhnisch. Man weiß auch gar nichts drauf zu sagen.

Der Engel: So schweig und nimm es hin. Was hast du für ein Mal auf deiner Stirn?

Die Frau: Das da? Das ist von nichts Besonderem. Ein dummer Sturz auf einer feuchten Kellertreppe, oder man rennt im Dunkeln gegen einen Balken im Getreidespeicher, oder die Kuh stößt einen beim Melken. Das vergißt man später.

Der Engel: Es schlug dich einer mit seiner Hand.

Die Frau: Es ist nicht Brauch bei uns, daß man über etwas redet, was vergessen sein soll.

Der Engel: Erinnere dich.

Die Frau: Meine Mutter hat einen Spruch gehabt, der hieß: für das Gute, das einem widerfährt, muß man ein Gedächtnis haben so lang wie die Straße nach Rom, und für das Schlimme, das einem angetan wird, eins, so kurz wie ein Lämmersprung.

Der Engel: Er will, daß du dich erinnerst.

Die Frau: Was ist da viel zu sagen. Die Männer in unserm Land sind rasch im Zorn, besonders wenn sie trinken. Es reut sie nachher bitterlich. Aber so sind sie und man muß sie nehmen wie sie sind.

Der Engel: Es hat den deinen nie gereut.

Die Frau: Wer weiß denn, wies im andern aussieht. Es war auch hart genug für ihn, das Kind zu verlieren.

Der Engel: War es nicht auch das deine?

Die Frau: Mein jüngstes und mein liebstes.

Der Engel: Wer hat die Eichenbohlen von der Zisterne geschoben, daß sie offen lag und daß das Kind, das sich darüber beugte ... Schrei nicht. Du hast auch damals nicht geschrien. Wer hat den Brunnen geöffnet? *Er nimmt das Siegel von deinen Lippen. Sprich.*

Die Frau: Nein.

Der Engel: So wende dich ein drittesmal, und sieh: es stehen zwei vor einem toten Kinde. Was schreit der Mann?

Die Frau: „Wer mir den Brunnen geöffnet hat, den schlage ich zum Krüppel."

Der Engel: Warum hast du geschwiegen?

Die Frau: Wie du fragst! Hätte ich mit dem Finger deuten sollen auf unser ältestes Kind, das nicht viel älter war als das Tote, und sagen: Der da, der wars, der hats getan. Hätte auch nur eine einzige Mutter auf der ganzen Erde das Wort gesagt, das ein unschuldiges Kind zum Brudermörder macht fürs ganze Leben? Wie, denkst du, hätte der Vater seinen Sohn angeschaut sein Leben lang? Ebenso gut hätte ich mit eigner Hand Feuer anlegen können im Getreidespeicher. Friede muß sein zwischen dem Bauern und seinem Erben, daß der Hof gedeiht.

Der Engel: Warum schlug dich dein Mann?

Die Frau: Das ist leicht zu verstehen. Es war Kornernte wie jetzt, und alle auf dem Feld, ich war allein daheim und sonst gar niemand, die Kinder nicht gerechnet, und Fremde sind nicht gekommen, in den Garten, da waren scharfe Hunde. Er hat ja nicht gesagt, daß ich es war. Er hat gemeint, ich hätte ein Auge haben müssen auf den Brunnen, und das ist wahr. Es trifft ihn keine Schuld. Er war ein guter Bauer, gerecht und fleißig.

Der Engel: Du hast deine Augen vertrocknen lassen an jenem Tag und deinen Mund versiegelt und dir geboten, dein Los zu tragen. Dein Herz aber hast du nicht verhärtet. Die Tränen hast du angesammelt wie die Erde das Regenwasser bewahrt und sammelt, bis es zur Quelle wird. Jetzt weine. Weine das volle Maß der Tränen, das dir zusteht.

Die Frau: Du sprichst sehr schön mit mir, und es fängt an, mir zu gefallen. Fast möchte ich wirklich weinen. Aber ich werde Zeit genug dazu haben, wenn ich erst dort bin. Gehen wir.

Der Engel: Dein Geist ist gebunden. Was willst du leiden dort im Feuer? Ich sage dir: die Leiden dieses Orts sind dir vertraut wie eine alte Krankheit. Sie liegen hinter dir.

Die Frau: Warum versuchst du mich? So könntest du nicht sprechen, wenn du mich wirklich kennen würdest. Was minder ist, bleibt minder, trotz schöner Worte. Ich kenne meine Fehler so gut wie die an Pferden, und kein Händler hat mir jemals ein Stück Jungvieh aufschwätzen können, das seinen Preis nicht wert war. Ich habe Augen, Engel. Und wenn jemand gekommen ist auf meinen Hof und hat ihn über den Schellenkönig gelobt und hat gesagt, es ist ein Musterhof, so hab ich doch den Schaden im Mauerwerk gewußt und daß Rattengift ausgelegt ist im Keller und daß der Holzwurm in der Täfelung ist, und ich hab die Achseln gezuckt. Lob, das nicht trifft, das mag ich nicht.

Der Engel: Genug. Wir sind am Ende des Wegs. Dein Wort fiel durch *Sein* Sieb. Das Urteil ist gesprochen. Erhebe deine Augen. Sei ohne Angst. *Sein* Antlitz ist dir noch verborgen hinter einem Bündel weißer Narzissen, frisch vom Tau.

Die Frau: Warum schlägst du mich auf meine Augen? Es brennt wie Feuer.

Der Engel: Jetzt sieh.

Rinser, Luise: Ein Bündel weißer Narzissen

Das Land der Verheißung

So geschah es einmal – und ich weiß nicht, wann das geschah –, daß Bruder Immanuels Engel zu ihm trat. Es war dies sein Schutzengel, wie ihn ein jeder hat für seine irdische Wanderung.

„Bruder Immanuel", sagte er sehr freundlich, „du mußt dich nun bereiten, den silbernen Faden zwischen deiner irdenen und deiner kristallenen Schale zu lösen und an das andere Ufer zu kommen, um dort den Weg der älteren Brüder weiterzubauen."

„Das will ich gerne tun", sagte Bruder Immanuel, „aber ich möchte meinen jüngeren Bruder nicht allein lassen, denn er hat sich nun ganz gewöhnt, seinen irdischen Pfad mit mir zusammen zu wandern, und er ist mir ein so guter Bruder gewesen, wie es nicht viele gibt."

„Wir haben das bedacht", sagte der Engel, „es kommen alle Geschöpfe, die Gott schuf, ans andere Ufer in ihrer kristallenen Schale. Du brachst deinen kleinen Bruder nur auf den Arm zu nehmen, wenn wir dich zur Reise rufen."

„Wir werden nun bald zusammen über eine Brücke gehen, mein kleiner Bruder", sagte Bruder Immanuel zum Eichhörnchen, „es ist dies nicht wesentlich, und ich werde dich auf dem Arm tragen, so daß du es gar nicht merken wirst, ob es ein kurzer oder ein weiter Weg ist. In dem Lande aber, in das wir kommen, wirst du erkennen, was wesentlich ist und daß alles, was hier wesentlich war, geblieben ist, als habe sich nichts verändert."

Und als der Einfältige, der ein Meister geworden war, ihn besuchte, sprach er zu ihm: „Es ist dies das letzte Mal, mein lieber Bruder, daß wir auf diesem Ufer zusammen sind. Du mußt nun nicht mehr kommen; sondern wenn du mich sehen willst, so rufe mich, bevor du einschläfst, so daß wir uns in unserer kristallenen Schale begegnen können!"

„Das wird für mich sehr schwer sein", sagte der Einfältige, der ein Meister geworden war, „denn ich bin nicht so weit wie du auf dem Wege, den wir beide wandern."

„Siehst du, es ist niemand weit oder nahe", sagte Bruder Immanuel, „denn das Ziel ist zeitlos, wenn du es recht bedenkst. Wir wandern ja beide den Weg des älteren Bruders auf diesem und auf jenem Ufer, und dieser Weg ist ein vielfältiger für viele Geschöpfe, so daß niemand sagen kann, was nahe und was weit ist. Du aber mußt hier noch viele Werke schaffen, auch wenn ich jetzt gehe."

„Es wird für mich eine traurige Zeit werden, bis ich auch gehen darf", sagte der Einfältige, der ein Meister geworden war.

„Das mußt du nicht denken", sagte Bruder Immanuel, „eine Zeitlang ist wenig, wenn du es recht bedenkst, vielleicht ist es gar nichts. Es ist ja auch so, daß sich die Kette der Dinge immer mehr entwirrt. Gott segne deinen Weg, lieber Bruder, denn es ist der Weg des älteren Bruders auf diesem und auf jenem Ufer."

Und Bruder Immanuel nahm Abschied von dem Einfältigen, der ein Meister geworden war. Es war dies am Abend eines Tages und eines Lebens. Aber der Abend eines Lebens ist nicht mehr als der Abend eines Tages, und es ist auch nur auf diesem Ufer, daß es Abend wird.

Am anderen Morgen, als die Sonne aufging, trat Bruder Immanuel wieder zu ihm. „Du mußt nun ans andere Ufer kommen", sagte er freundlich.

Da legte sich Bruder Immanuel auf sein Lager in der Hütte und nahm das Eichhörnchen in den Arm. Es war sehr sonderbar. Die Züge seines Engels veränderten sich, sie wurden bleich und ernst, seine Schwingen wurden schwarz und sein Gewand dunkel. Es war, als habe der Todesengel ihn abgelöst und stünde nun an seiner Stelle. Leise lockerte sich der silberne Faden zwischen der irdenen und der kristallenen Schale. Dann wandelten sich die Züge des Todesengels in die Züge des Erlösers am Kreuze, die Schwingen wurden golden und das Gewand weiß und durchsichtig wie durchlichteter Schnee. Da löste sich der silberne Faden zwischen der irdenen und der kristallenen Schale. Es war um die Osterzeit, als dies geschah. Ich kann es nicht sagen, ob es gerade am Ostersonntag war. In der Hütte Bruder Immanuels aber war es Ostersonntag gewesen.

Die Vögel, die auf dem Dach der Hütte nisteten, trugen die Kunde von Bruder Immanuels Tode zu den Tieren des Waldes, und es war eine große Trauer unter ihnen, daß ihr älterer Bruder von ihnen gegangen war. Denn sie waren die jüngeren Brüder, und noch lebten sie ja im Bewußtsein dieses Ufers. Aber in solcher Trauer ist die Erkenntnis des anderen Ufers, und darum muß sie sein auf dieser Welt, bis sich einmal beide Ufer vereinigen.

In unabsehbaren Scharen kamen die Tiere des Waldes auf den Berg gewandert, auf dem Bruder Immanuels Hütte stand. Eines nach dem anderen traten sie in die Tür der Hütte und betrachteten Bruder Immanuels irdene Schale, die friedvoll mit dem Eichhörnchen auf dem Arm dalag, das Bündnis des Erlösers über sich. Es war ganz still, und die Morgensonne malte goldene Zeichen an den Wänden. Auch die Tiere waren still, und es störte keiner den andern. Nur zwei große Bären klagten laut, als sie in die Tür der Hütte traten, und die Tränen liefen ihnen über die Schnauze. Es waren dies eine Bärin und ihr Sohn. Der Sohn der Bärin war kein Bärenkind mehr wie damals, sondern er war stark und gewaltig geworden und höher als seine Mutter, wenn er aufrecht stand. Eine hölzerne Kugel aber hielt er in der Tatze, obwohl er kein Bärenkind mehr war. Nur spielte er heute nicht mehr damit.

Ich kann nicht erzählen, welche Tiere alle vor Bruder Immanuels Hütte kamen, es wäre zuviel, sie alle aufzuzählen, und es ist auch nicht wesentlich. Wesentlich war nur, daß sie alle sich vereint fühlten als jüngere Brüder vor diesem Totenbett. Das war aber ein wirkliches und großes Ereignis, und das ist nicht immer so, wenn jemand stirbt.

„Wir wollen unserem älteren Bruder ein Grab graben", sagte der Bär und ließ die hölzerne Kugel vorsichtig ins Gras gleiten, wie man ein Heiligtum hinlegt.

Dann gruben die Bärin und ihr Sohn ein Grab für Bruder Immanuel und sein Eichhörnchen in der Hütte. Sie legten beide sorgsam hinein, schütteten Erde darüber und bedeckten sie mit Blumen.

Noch eine Weile standen die Tiere vor dem Grabe ihres älteren Bruders. Dann wandten sie sich traurig, um in den Wald zurückzugehen, jeder allein zu seiner Behausung. Und es war eine große Verlassenheit in ihnen allen.

Wie sie sich aber umwandten, sahen sie, daß Bruder Immanuel mitten unter ihnen stand, mit dem Eichhörnchen auf dem Arm.

„Es ist nicht so, daß ich von euch gegangen bin, liebe

Brüder", sagte er, „es ist nur so, daß ich meine irdene Schale abgelegt habe, und ich stehe vor euch in meiner kristallenen Schale. Es ist dies das große Geheimnis des Daseins, das Tod und Leben umfaßt, so wie es die Eule euch erzählt hat, denn sie hat es gesehen. Es ist ein großes Geheimnis, aber es ist sehr einfach. Ich muß nun auf dem anderen Ufer die Wege der älteren Brüder bereiten helfen, aber ich gehe nicht fort von euch, denn ich will jeden Tag zu euch kommen und nach euch sehen, und es wird niemand von euch allein sein. Es sind immer ältere Brüder um die jüngeren; denn es ist dies der Weg der Erlösung in Sühne, Sehnsucht und Liebe."

Da begriffen die Tiere die große Gemeinsamkeit, die alle Geschöpfe Gottes vereinigt, und sie waren sehr dankbar, daß sie das gesehen hatten. Sie verstanden auch, daß niemand allein bleibt, der eines guten Willens ist, und daß auch das kleinste Geschöpf einen Begleiter hat auf seiner unscheinbaren Wanderung. Da wich die große Verlassenheit von ihnen, und sie gingen nach Hause.

Manfred Kyber: Manfred-Kyber-Buch

Der schöne Traum

Als der Gymnasiast Martin Haberland im Alter von siebzehn Jahren an einer Lungenentzündung starb, sprach jedermann von ihm und seinen reichen Talenten mit Bedauern und hielt ihn für sehr unglücklich, daß er gestorben war, ehe er aus diesen Talenten hatte Erfolge und Zinsen und bares Geld lösen können.

Es ist wahr, der Tod des hübschen, begabten Jünglings hat auch mir leid getan, und ich dachte mir mit einem gewissen Bedauern: wie unheimlich viel Talent muß es doch in der Welt geben, daß die Natur damit so um sich werfen kann! Aber es ist der Natur einerlei, was wir über sie denken, und was das Talent angeht, so ist es ja tatsächlich in solchem Überfluß vorhanden, daß unsre Künstler bald nur noch Kollegen und gar kein Publikum mehr haben werden.

Indessen kann ich den Tod des jungen Mannes nicht in dem Sinne bedauern, als sei ihm selbst dadurch ein Schaden zugefügt und sei er des Besten und Schönsten grausam beraubt worden, das noch für ihn bestimmt gewesen wäre. Wer mit Glück und in Gesundheit siebzehn Jahre alt geworden ist und gute Eltern hatte, der hat ohnehin in gar vielen Fällen gewiß den schöneren Teil des Lebens hinter sich, und wenn sein Leben so früh endet und aus Mangel an großem Schmerz und grellem Erlebnis und wilder Lebensweite kein Beethovensches Symphoniestück geworden ist, so kann es doch eine kleine Haydnsche Kammermusik gewesen sein, und das kann man nicht von vielen Menschenleben sagen.

Im Falle Haberland bin ich meiner Sache ganz sicher. Der junge Mensch hat tatsächlich das Schönste erlebt, was ihm zu erleben möglich war, er hat ein paar Takte von so unirdischer Musik geschlürft, daß sein Tod notwendig war, weil kein Leben daraufhin etwas anderes als einen Mißklang ergeben hätte. Daß der Schüler sein Glück nur im Traum erlebt hat, ist gewiß keine Abschwächung, denn die meisten Menschen erleben ihre Träume viel heftiger als ihr Leben.

Am zweiten Tag seiner Krankheit, drei Tage vor seinem Tode, hatte der Gymnasiast bei schon beginnendem Fieber folgenden Traum:

Sein Vater legte ihm die Hand auf die Schulter und sagte: „Ich begreife ganz gut, daß du bei uns nicht mehr viel lernen kannst. Du mußt ein großer und guter Mann werden und ein besonderes Glück gewinnen, das findet man nicht daheim im Nest. Paß auf: du mußt jetzt zuerst auf den Berg der Erkenntnis steigen, dann mußt du Taten tun, und dann mußt du die Liebe finden und glücklich werden."

Während der Vater die letzten Worte sagte, schien sein Bart länger und sein Auge größer, er sah für einen Augenblick wie ein greiser König aus. Dann gab er dem Sohn einen Kuß auf die Stirne und hieß ihn gehen, und der Sohn ging eine breite schöne Treppe hinab wie aus einem Palast, und als er über die Straße ging und gerade das Städtlein verlassen wollte, begegnete ihm seine Mutter und rief ihn an: „Ja Martin, willst du denn fortgehen und mir nicht einmal adieu sagen?" Bestürzt sah er sie an und schämte sich, zu sagen, er habe gemeint, sie sei schon lang gestorben, denn er sah sie ja lebend vor sich stehen, und sie war schöner und jünger, als er sie in Erinnerung gehabt hatte, ja sie hatte fast etwas Mädchenhaftes an sich, so daß er, als sie ihn küßte, rot wurde und sie nicht wieder zu küssen wagte. Sie sah ihm in die Augen mit einem hellen, blauen Blick, der wie ein Licht in ihn überging, und nickte ihm zu, als er verwirrt und in Hast davonging.

Vor der Stadt fand er ohne Erstaunen statt der Landstraße und dem Tal mit der Eschenallee einen Meerhafen liegen, wo ein großes altmodisches Schiff mit bräunlichen Segeln bis in den goldenen Himmel ragte, wie auf seinem Lieblingsbilde von Claude Lorrain, und wo er sich alsbald nach dem Berge der Erkenntnis einschiffte.

Das Schiff und der goldene Himmel entschwanden jedoch unvermerkt wieder aus der Sichtbarkeit, und nach einer Weile fand sich der Schüler Haberland doch auf der Landstraße wandern, schon weit von daheim, und einem Berge entgegengehen, der in der Ferne Abendrot glühte und nicht näher zu kommen schien, solange er auch wanderte. Zum Glück schritt neben ihm der Professor Seidler und sagte väterlich: „Hier ist keine andere Konstruktion am Platze als der *Ablativus absolutus;* nur mit seiner Benutzung kommen Sie plötzlich *medias in res."* Er folgte alsbald, und es fiel ihm ein *Ablativus absolutus* ein, der gewissermaßen die ganze Vergangenheit seiner selbst und der Welt in sich begriff und mit jeder Art von Vergangenheit so gründlich aufräumte, daß alles hell voll Gegenwart und Zukunft wurde. Und damit stand er plötzlich auf dem Berge, aber neben ihm auch der Professor Seidler, und dieser sagte auf einmal du zu ihm, und Haberland duzte auch den Professor, und der vertraute ihm an, er sei eigentlich sein Vater, und, indem er sprach, wurde er dem Vater immer ähnlicher, und die Liebe zum Vater und die Liebe zur Wissenschaft wurde in dem Schüler eins, und beide wurden stärker und schöner, und während er saß und sann und von lauter ahnender Verwunderung umgeben war, sagte sein Vater neben ihm: „So, jetzt sieh um dich!"

Da war eine unsägliche Klarheit ringsumher, und alles auf der Welt war in bester Ordnung und sonnenklar; er begriff vollkommen, warum seine Mutter gestorben war und doch noch lebte; er begriff bis ins Innerste, warum die Menschen an Aussehen, Gebräuchen und Sprachen so verschieden und doch aus *einem* Wesen und nahe Brüder waren; er begriff Not und Leid und Häßlichkeit so sehr als notwendig und von Gott gewollt oder gemußt, daß sie schön und hell wurden und laut von der Ordnung und Freude der Welt sprachen. Und ehe er noch ganz klar darüber war, daß er nun auf dem Berg der Erkenntnis gewesen und weise geworden sei, fühlte er sich zu einer Tat berufen, und obwohl er seit zwei Jahren immerzu über verschiedene Berufe nachgedacht und sich nie für einen entschieden hatte, wußte er jetzt ganz genau und fest, daß er ein Baumeister war, und es war herrlich, das zu wissen und nicht den kleinsten Zweifel mehr zu haben.

Alsbald lag da weißer und grauer Stein, lagen Balken und standen Maschinen, viele Menschen standen umher und wußten nicht, was tun; er aber wies mit den Händen und erklärte und befahl, hielt Pläne in Händen und brauchte nur zu winken und zu deuten, so liefen die Menschen und waren glücklich, eine verständige Arbeit zu tun, hoben Steine und schoben Karren, richteten Stangen auf und meißelten an Blöcken, und in allen Händen und in jedem Auge war der Wille des Baumeisters tätig. Das Haus aber entstand und wurde ein Palast, der mit Giebelfeldern und Vorhallen, mit Höfen und Bogenfenstern eine ganz selbstverständliche, einfache, freudige Schönheit verkündigte, und es war klar, daß man nur noch einige solche Sachen zu bauen brauchte, damit Leid und Not, Unzufriedenheit und Verdruß von der Erde verschwanden.

Mit der Vollendung des Bauwerks war Martin schläfrig geworden und hatte nicht mehr genau auf alles acht, er hörte etwas Musik und Festlichkeit um sich tosen und gab sich mit Ernsthaftigkeit und seltsamer Befriedigung einer tiefen, schönen Müdigkeit hin. Aus ihr tauchte sein Bewußtsein erst dann empor, als wieder seine Mutter vor ihm stand und ihn an der Hand nahm. Da wußte er, daß sie nun mit ihm in das Land der Liebe gehen wollte, und er wurde still und erwartungsvoll und vergaß alles, was er auf dieser Reise schon erlebt und getan hatte; nur glänzte ihm vom Berge der Erkenntnis und von seinem Palastbau her eine Heiligkeit und ein bis in den Grund hinab gereinigtes Gewissen nach.

Die Mutter lächelte und hielt ihn an der Hand, sie ging bergabwärts in eine abendliche Landschaft hinein, ihr Kleid war blau, und im wohligen Gehen entschwand sie ihm, und was ihr blaues Kleid gewesen war, das war das Blau der tiefen Talferne, und indem er das erkannte und nimmer wußte, war die Mutter wirklich bei ihm gewesen oder nicht, befiel ihn eine Traurigkeit, er setzte sich in die Wiese und begann zu weinen, ohne Schmerzen, hingegeben und ernsthaft wie er vorher im Schaffensdrang gebaut und in der Müdigkeit geruht hatte. In seinen Tränen fühlte er, daß ihm nun das Süßeste begegnen solle, was ein Mensch erleben kann, und wenn er darüber nachzusinnen versuchte, wußte er zwar wohl, daß das die Liebe sei, aber er konnte sie sich nicht recht vorstellen und endete mit dem Gefühl, die Liebe sei wie der Tod, sie sei eine Erfüllung und ein Abend, auf welchen nichts mehr folgen dürfe.

Er hatte es noch nicht zu Ende gedacht, da war wieder alles anders, es spielte unten im blauen Tal eine köstliche ferne Musik, und es kam über die Wiese her Fräulein Voßler gegangen, die Tochter des Stadtschultheißen, und plötzlich wußte er, daß er diese liebhabe. Sie hatte dasselbe

Gesicht wie immer, aber sie trug ein ganz einfaches, edles Kleid wie eine Griechin, und kaum war sie da, so war es Nacht, und man sah nichts mehr als einen Himmel voll großer, heller Sterne.

Das Mädchen blieb vor Martin stehen und lächelte. „So, bist du da?" sagte sie freundlich, als habe sie ihn erwartet. „Ja", sagte er, „die Mutter hat mir den Weg gezeigt. Ich bin jetzt mit allem fertig, auch mit dem großen Haus, das ich bauen mußte. Du mußt da drin wohnen."

Sie lächelte aber nur und sah fast mütterlich aus, überlegen und ein wenig traurig, wie eine Erwachsene.

„Was soll ich jetzt tun?" fragte Martin und legte seine Hände auf die Schultern des Mädchens. Sie neigte sich vor und sah ihm aus solcher Nähe in die Augen, daß er ein wenig erschrak, und er sah jetzt nichts mehr als ihre großen ruhigen Augen, und darüber in einem Goldnebel die vielen Sterne. Sein Herz schlug heftig und tat weh.

Das schöne Mädchen legte seinen Mund auf Martins Mund, und indessen sein Wesen schmolz und aller Wille von ihm wich, begannen oben in der blauen Finsternis die Sterne leise zu tönen, und während Martin fühlte, daß er jetzt die Liebe und den Tod und das Süßeste koste, was ein Mensch erleben kann, hörte er die Welt um ihn her in einem feinen Reigen klingen und sich bewegen, und ohne seine Lippen vom Mund des Mädchens zu lösen, und ohne mehr irgend etwas in der Welt zu wollen und zu begehren, fühlte er sich und sie und alles in den Reigen genommen, er schloß die Augen und flog mit sanftem Schwindel eine tönende, ewig vorbestimmte Straße dahin, auf welcher keine Erkenntnis und keine Tat und nichts Zeitliches mehr auf ihn wartete.

Hermann Hesse: Die Märchen

Jesus klopft an das Himmelstor

Vater, mein Vater, öffne dein Tor!
Ich bringe eine glänzende Gesellschaft mit.
Öffne das Tor, daß wir eintreten können.
Jeder und alle, sind wir die Kinder deines Herzens.
Öffne, mein Vater, öffne dein Tor.

Vater, mein Vater, ich klopfe an dein Tor.
Ich bringe einen Dieb, der heute mit mir gekreuzigt wurde.
Denn auch er ist eine sanfte Seele,
und er möchte dein Gast sein.
Er stahl einen Laib für den Hunger seiner Kinder.
Aber ich weiß, das Leuchten seiner Augen würde dir
gefallen.

Vater, mein Vater, öffne dein Tor.
Ich bringe eine Frau, die sich der Liebe schenkte,
und sie hoben Steine auf gegen sie, aber
ich kenne dein liebendes Herz und hielt sie zurück.
Die Veilchen sind nicht verwelkt in ihren Augen,
und dein April ist noch auf ihren Lippen.
Ihre Hände halten noch die Ernte deiner Tage,
und jetzt möchte sie mit mir eingehen in dein Haus.

Vater, mein Vater, öffne das Tor.
Ich bringe dir einen Mörder,
einen Mann mit Zwielicht auf dem Gesicht.
Er jagte für seine Jungen,
aber unklug jagte er.
Die Wärme der Sonne war auf seinen Armen,
der Saft deiner Erde war in seinen Adern;
und er verlangte Fleisch für seine Leute,
da Fleisch verwehrt war,
aber sein Bogen und Pfeil waren zu schnell,
und er beging einen Mord.
Darum ist er jetzt bei mir.

Vater, mein Vater, öffne dein Tor.
Ich bringe einen Trunkenbold mit,
einen Mann, den nach anderem dürstet als dieser Welt.
Er wollte sitzen an deiner Tafel, mit einem Becher,
Einsamkeit zu seiner Rechten
und Verzweiflung zur Linken.
Er starrte tief in den Becher
und sah deine Sterne gespiegelt im Wein.
Und er trank in vollen Zügen, denn er wollte deinen
Himmel erreichen.

Er wollte sein größeres Selbst erreichen,
aber er verirrte sich auf dem Wege und strauchelte.
Außen vor der Schenke, Vater, hob ich ihn auf,
und er kam mit mir, lachte den halben Weg.
Nun ist er in meiner Gesellschaft,
doch er weint, denn Freundlichkeit tut ihm weh.
Und darum bringe ich ihn zu deinem Tor.

Vater, mein Vater, öffne das Tor.
Ich bringe einen Spieler mit, einen Mann,
der seinen Silberlöffel in eine goldene Sonne tauschte;
und wie eine deiner Spinnen
webte er sein Netz und wartet
auf die Fliege, die ebenfalls jagt, nach kleinen Mücken.
Aber er verlor, wie alle Spieler,
und als ich ihn fand, wanderte er auf den Straßen der
Stadt.

Ich blicke in seine Augen,
und wußte, daß sein Silber sich nicht in Gold verwandelt
hatte,
und der Faden seiner Träume war zerrissen.
Ich bot ihm meine Gesellschaft an
und sagte zu ihm: „Siehe die Gesichter deiner Brüder,
und mein Gesicht.

Komm mit uns, wir gehen zu dem fruchtbaren Land
jenseits
der Hügel des Lebens.
Komm mit uns."
Und er kam.

Vater, mein Vater, du hast geöffnet das Tor!
Sieh: meine Freunde,
ich habe sie gesucht weit und nah;
aber sie waren in Furcht und wollten nicht mit mir
kommen,
bis ich ihnen deine Verheißung und deine Gnade
offenbarte.

Nun, da du dein Tor geöffnet hast,
und empfangen und willkommen geheißen meine
Gefährten,
gibt es auf der Erde keine Sünder mehr,
getrennt von dir und deinem Empfangen.
Es gibt weder Hölle noch Fegefeuer;
nur du und der Himmel existieren,
und auf der Erde der Mensch,
das Kind deines ehrwürdigen Herzens.

Barbara Young: Khalil Gibran. Die Biographie

Ein indianisches Gebet

Am Ende meines Weges ist ein tiefes Tal.
Ich werde nicht weiter wissen.
Ich werde mich niedersetzen und verzweifelt sein.
Ein Vogel wird kommen und über das Tal fliegen
und ich werde wünschen ein Vogel zu sein.
Eine Blume wird leuchten jenseits des Abgrundes
und ich werde wünschen eine Blume zu sein.
Eine Wolke wird über den Himmel ziehen,
und ich werde eine Wolke sein wollen.

Ich werde mich selbst vergessen.
Dann wird mein Herz leicht werden wie eine Feder
zart wie eine Margrite
durchsichtig wie der Himmel
Und wenn ich aufblicke
wird das Tal nur ein kleiner Sprung sein
zwischen Zeit und Ewigkeit.

Iris

Wunder begegneten ihm, und sie wunderten ihn nicht. Und so ging er einst im Schnee durch einen winterlichen Grund; und an seinem Bart war Eis gewachsen. Und im Schnee stand spitz und schlank eine Irispflanze, die trieb eine schöne einsame Blüte, und er bückte sich zu ihr und lächelte, denn nun erkannte er das, woran ihn die Iris immer und immer gemahnt hatte. Er erkannte seinen Kindertraum wieder, und sah zwischen goldenen Stäben die lichtblaue Bahn hellgeädert in das Geheimnis und Herz der Blume führen, und wußte, dort war das, was er suchte, dort war das Wesen, das kein Bild mehr ist.

Und wieder trafen ihn Mahnungen, Träume führten ihn, und er kam zu einer Hütte, da waren Kinder, die gaben ihm Milch, und er spielte mit ihnen, und sie erzählten ihm Geschichten und erzählten ihm, im Wald bei den Köhlern sei ein Wunder geschehen. Da sehe man die Geisterpforte offen stehen, die nur alle tausend Jahre sich öffnete. Er hörte zu und nickte dem lieben Bilde zu, und ging weiter, ein Vogel sang vor ihm im Erlengebüsch, der hatte eine seltene, süße Stimme, wie die Stimme der gestorbenen Iris. Dem folgte er, er flog und hüpfte weiter, über den Bach und weit in die Wälder hinein.

Als der Vogel schwieg und nicht mehr zu hören noch zu sehen war, blieb Anselm stehen und sah sich um. Er stand in einem tiefen Tal im Walde, unter breiten grünen Blättern rann leise ein Gewässer, sonst war alles still und wartend. In seiner Brust aber sang der Vogel fort, mit der geliebten Stimme, und trieb ihn weiter, bis er vor einer Felswand stand, die war mit Moos bewachsen, und in ihrer Mitte klaffte ein Spalt, der führte schmal und eng ins Innere des Berges.

Ein alter Mann saß vor dem Spalt, der erhob sich, als er Anselm kommen sah, und rief: „Zurück, du Mann, zurück! Das ist das Geistertor. Es ist noch keiner wiedergekommen, der da hineingegangen ist."

Anselm blickte empor und in das Felsentor, da sah er tief in den Berg einen blauen Pfad sich verlieren, und goldene Säulen standen dicht zu beiden Seiten, und der Pfad sank nach innen hinabwärts wie in den Kelch einer ungeheuren Blume hinunter.

In seiner Brust sang der Vogel hell, und Anselm schritt an dem Wächter vorüber in den Spalt und durch die goldenen Säulen hin ins blaue Geheimnis des Innern. Es war Iris, in deren Herz er drang, und es war die Schwertlilie im Garten der Mutter, in deren blauen Kelch er schwebend trat, und als er still der goldenen Dämmerung entgegenging, da war alle Erinnerung und alles Wissen mit einem Male bei ihm, er fühlte seine Hand, und sie war klein und weich, Stimmen der Liebe klangen nah und vertraut in sein Ohr, und sie klangen so, und die goldenen Säulen glänzten so, wie damals in den Frühlingen der Kindheit alles ihm getönt und geleuchtet hatte.

Und auch sein Traum war wieder da, den er als kleiner Knabe geträumt, daß er in den Kelch hinabschritt, und hinter ihm schritt und glitt die ganze Welt der Bilder mit und versank im Geheimnis, das hinter allen Bildern liegt.

Leise fing Anselm an zu singen, und sein Pfad sank leise abwärts in die Heimat.

Hermann Hesse: Iris

Habe ich dir verziehen

Der Bagdader Mystiker Schibli starb 945. Nach seinem Tod sah ihn einer seiner Freunde im Traum und fragte: „Wie hat Gott dich behandelt?" Er sagte: „Er hat mich vor sich gestellt und gefragt: ‚Abu Bakr, weißt du, weshalb Ich dir vergeben habe?' Ich sagte. ‚Wegen meiner guten Werke.' Er sagte: ‚Nein.' Ich sagte: ‚Weil ich in meiner Anbetung aufrichtig war.' Er sagte ‚Nein.' Ich sagte: ‚Wegen meiner Pilgerfahrt und meines Fastens und meiner Pflichtgebete.' Er sagte: ‚Nein, nicht deswegen habe Ich dir vergeben.' Ich sagte: ‚Wegen meiner Reisen, um das Wissen zu erwerben, und weil ich zu den Frommen ausgewandert bin?' Er sagte: ‚Nein.' Ich sagte: ‚O Herr, dies sind die Werke, die zur Rettung führen, die habe ich über alles gestellt und bei denen habe ich gedacht, daß Du mir ihretwegen vergeben würdest!' Er sprach: ‚Doch nicht um all dieser Dinge willen habe Ich dir verziehen!' Ich sagte: ‚O Herr, weshalb denn?' Er sprach: ‚Erinnerst du dich, wie du durch die Gassen von Bagdad gingest und ein Kätzchen fandest, das vor Kälte ganz schwach geworden war und von Mauer zu Mauer lief, um Schutz vor der schneidenden Kälte und vor dem Schnee zu suchen, und du hast es aus Mitleid aufgenommen und in den Pelz gesteckt, den du trugst, und hast es so vor der Qual der Kälte geschützt?' Ich sagte: ‚Ja, ich erinnere mich.' Er sprach: ‚Weil du mit dieser Katze Erbarmen hattest, darum habe Ich Mich deiner erbarmt.'"

Sufi-Geschichte

Könntet ihr uns schauen

Könntet ihr nur schauen, wie hier alles aussieht! Eine Welt, die gegen die eure die richtigere, wahrere ist, denn bei euch ist alles Schein und die Menschen untereinander sehen sich nicht, wie sie wirklich sind. Hier kann man sich nichts vortäuschen, weil man durch die Menschen hindurchsieht.

6. August 1915

Wie war ich glücklich heute nachmittag, es war so schön bei euch! Ich lebe noch gänzlich wie auf Erden, nur habe ich mehr Fähigkeiten als in meinem physischen Körper. Ich durchschaue vieles, aber ich weiß noch längst nicht alles, ich habe aber den intensiven Wunsch, weiterzukommen. Dieses Wünschen hilft hier natürlich viel mehr als auf Erden im physischen Körper, da man viel aufnahmefähiger ist.

Brücke über den Strom. Mitteilungen aus dem Leben nach dem Tod.

160

„Mit dem Stern in vollendetem Gleichklang"

Vom Zeitlichen und Ewigen

Im Prozeß des Sterbens wird das Bewußtsein der eigenen Endlichkeit immer deutlicher. Das geht zunächst von Woche zu Woche, dann von Tag zu Tag und manchmal noch von Stunde zu Stunde. Die Erkenntnis, daß ich diese Erde, diese eine mir vertraute Daseinsebene verlassen werde, nimmt immer mehr zu. Manchen Menschen wird immer deutlicher, daß das Leben ein Durchgang ist und daß wir besonders zum Ende hin immer mehr Ballast abwerfen und frei von allem Irdischen werden. Sterbende drücken das manchmal aus, indem sie sagen, daß sie nun an nichts mehr hängen und das Interesse an der Welt, an den Dingen und Menschen immer mehr verlieren. Sie tragen in sich eine Gewißheit, daß es etwas gibt, wo wir herkommen und etwas, wo wir hingehen. Das kann sich bis zu der Erfahrung verdichten, daß sie spüren, daß alles, was ist, beseelt ist und das Ewige in sich trägt. Für sie mag der Übergang dann nur noch ein kleiner Schritt sein. Andere Menschen stehen vor Fragen, Fragen von großer Dringlichkeit: Liebt und meint uns Gott wirklich? Sind wir für immer in ihm geborgen? Müssen wir Besonderes getan haben, Verdienste nachweisen können, um seiner Gnade teilhaftig zu werden? Diese Fragen können Menschen schwer belasten und quälen. Dichter und Denker, Religiöse und Mystiker können uns Antworten geben oder von ihren eigenen Erlebnissen wegweisend erzählen. Sie beschenken uns und stärken in uns die Hoffnung und Zuversicht, daß alles Leben immer weitergeht, daß wir auch jenseits des Todes leben werden. Sie können uns helfen, auch für uns und unsere ewige Existenz Vertrauen zu finden.

Die Reise

Im letzten Jahrhundert kam ein Besucher aus Amerika zu einem berühmten polnischen Rabbi, Hofetz Chaim. Er war erstaunt, daß dessen Wohnung nur aus einem einfachen Raum bestand, der mit Büchern, einem Tisch und einer Sitzbank gefüllt war.

„Rabbi", fragte der Besucher, „wo sind deine Möbel?"

„Wo sind deine?", antwortete Hofetz Chaim.

„Meine?" fragte der erstaunte Amerikaner, „aber ich bin doch nur auf der Durchreise."

„Ich auch", sagte der Rabbi.

Geschichten der Chassidim

Nichts kann größer sein

Ein Frosch lebte seit langer Zeit in einem Brunnen. Er wurde in ihm geboren und aufgezogen. Es war ein zarter, kleiner Frosch.

Eines Tages fiel ein anderer Frosch, der zuvor im Meer gelebt hatte, in den Brunnen, und der Frosch des Brunnens fragte den Neuankömmling: „Wo kommst du her?"

Der Frosch des Meeres antwortete: „Ich komme vom Meer."

Der Frosch des Brunnens fragte weiter: „Wie groß ist das Meer?"

„Sehr groß."

Der Frosch des Brunnens streckte seine Füße aus und fragte: „Ist das Meer so groß?"

„Es ist viel größer!"

Da hüpfte der Frosch von der einen Seite zur anderen hin: „Ist es so groß wie mein Brunnen?"

„Mein Freund", sprach der Frosch des Meeres, „wie kannst du das Meer mit deinem Brunnen vergleichen?"

Da rief der Frosch des Brunnens: „Nichts kann größer sein als mein Brunnen. Wahrlich, nichts kann größer sein.

Dieser Bursche ist ein Lügner. Man muß ihn hinauswerfen!"

Ramakrishna: Leben und Gleichnis

Auch das wird vergehen

Ein mächtiger König, Herrscher über viele Reiche, besaß eine solch großmächtige Stellung, daß weise Männer bei ihm nur Bedienstete waren. Eines Tages jedoch fand er sich in einem Zustand der Verwirrung und rief die Weisen zu sich.

Er sagte: „Ich kenne den Grund dafür nicht, aber irgend etwas zwingt mich dazu, nach einem bestimmten Ring zu forschen – ein Ring, der meinen Zustand wieder ins Lot bringt. Ich muß einen solchen Ring haben. Und dieser Ring muß so beschaffen sein, daß er mich wieder glücklich macht, wenn die Freude mich verlassen hat. Gleichzeitig muß er mich traurig machen, wenn ich glücklich bin und einen Blick auf ihn werfe."

Die weisen Männer berieten sich untereinander und versenkten sich in tiefe Meditation, um schließlich eine Entscheidung in bezug auf die Eigenschaften des Ringes, der ihrem König recht sein würde, zu fällen.

Der Ring, den sie anfertigen ließen, enthielt die Inschrift:

Auch das wird vorübergehen

Attar von Nischapur

Flötentraum

„Hier", sagte mein Vater, und übergab mir eine kleine, beinerne Flöte, „nimm das und vergiß deinen alten Vater nicht, wenn du in fernen Ländern die Leute mit einem Spiel erfreust. Es ist hohe Zeit, daß du die Welt siehst und etwas lernst. Ich habe dir diese Flöte machen lassen, weil du noch keine andre Arbeit tun und immer nur singen magst. Nur denke auch daran, daß du immer hübsche und liebenswürdige Lieder vorträgst, sonst wäre es schade um die Gabe, die Gott dir verliehen hat."

Mein lieber Vater verstand wenig von der Musik, er war ein Gelehrter; er dachte, ich brauchte nur in das hübsche Flötchen zu blasen, so werde es schon gut sein. Ich wollte ihm seinen Glauben nicht nehmen, darum bedankte ich mich, steckte die Flöte ein und nahm Abschied.

Unser Tal war mir bis zur großen Hofmühle bekannt; dahinter fing dann also die Welt an, und sie gefiel mir sehr wohl. Eine Biene hatte sich auf meinen Ärmel gesetzt, die trug ich mit mir fort, damit ich später bei meiner ersten Rast gleich einen Boten hätte, um Grüße in die Heimat zurückzusenden.

Wälder und Wiesen begleiteten meinen Weg, und der Fluß lief rüstig mit; ich sah, die Welt war von der Heimat wenig verschieden. Die Bäume und Blumen, die Kornähren und Haselbüsche sprachen mich an, ich sang ihre Lieder mit, und sie verstanden mich, gerade wie daheim; darüber wachte auch meine Biene wieder auf, sie kroch langsam bis auf meine Schultern, flog ab und umkreiste mich zweimal mit ihrem tiefen süßen Gebrumme, dann steuerte sie geradeaus rückwärts der Heimat zu.

Da kam aus dem Walde hervor ein junges Mädchen gegangen, es trug einen Korb am Arm und einen breiten, schattigen Strohhut auf dem blonden Kopf.

„Grüß Gott", sagte ich zu ihr, „wo willst denn du hin?"

„Ich muß den Schnittern das Essen bringen", sagte sie und ging neben mir. „Und wo willst du heut noch hinaus?"

„Ich gehe in die Welt, mein Vater hat mich geschickt. Er meint, ich solle den Leuten auf der Flöte vorblasen, aber das kann ich noch nicht richtig, ich muß es erst lernen."

„So so. Ja, und was kannst du denn eigentlich? Etwas muß man doch können."

„Nichts Besonderes. Ich kann Lieder singen."

„Was für Lieder denn?"

„Allerhand Lieder, weißt du, für den Morgen und für den Abend und für alle Bäume und Tiere und Blumen. Jetzt könnte ich zum Beispiel ein hübsches Lied singen von einem jungen Mädchen, das kommt aus dem Wald heraus und bringt den Schnittern ihr Essen."

„Kannst du das? Dann sing's einmal!"

„Ja, aber wie heißt du eigentlich?"

„Brigitte."

Da sang ich das Lied von der hübschen Brigitte mit dem Strohhut, und was sie im Korbe hat, und wie die Blumen ihr nachschauen, und die blaue Winde vom Gartenzaun langt nach ihr, und alles was dazugehörte. Sie paßte ernsthaft auf und sagte, es wäre gut. Und als ich ihr erzählte, daß ich hungrig sei, da tat sie den Deckel von ihrem Korb und holte mir ein Stück Brot heraus. Als ich da hineinbiß und tüchtig dazu weitermarschierte, sagte sie aber: „Man muß nicht im Laufen essen. Eins nach dem andern." Und wir setzten uns ins Gras, und ich aß mein Brot, und sie schlang die braunen Hände um ihre Knie und sah mir zu.

„Willst du mir noch etwas singen?" fragte sie dann, als ich fertig war.

„Ich will schon. Was soll es sein?"

„Von einem Mädchen, dem ist sein Schatz davongelaufen, und es ist traurig."

„Nein, das kann ich nicht. Ich weiß ja nicht, wie das ist, und man soll auch nicht so traurig sein. Ich soll immer nur artige und liebenswürdige Lieder vortragen, hat mein Vater gesagt. Ich singe dir vom Kuckucksvogel oder vom Schmetterling."

„Und von der Liebe weißt du gar nichts?" fragte sie dann.

„Von der Liebe? O doch, das ist ja das Allerschönste."

Alsbald fing ich an und sang von dem Sonnenstrahl, der die roten Mohnblumen liebhat, und wie er mit ihnen spielt und voller Freude ist. Und vom Finkenweibchen, wenn es auf den Finken wartet, und wenn er kommt, dann fliegt es weg und tut erschrocken. Und sang weiter vor dem Mädchen mit den braunen Augen und von dem Jüngling, der daherkommt und singt und ein Brot dafür geschenkt bekommt; aber nun will er kein Brot mehr haben, er will einen Kuß von der Jungfer und will in ihre braunen Augen sehen, und er singt so lange fort und hört nicht auf, bis sie anfängt zu lächeln und bis sie ihm den Mund mit ihren Lippen schließt.

Da neigte Brigitte sich herüber und schloß mir den Mund mit ihren Lippen und tat die Augen zu und tat sie wieder auf, und ich sah in die nahen braungoldenen Sterne, darin war ich selber gespiegelt und ein paar weiße Wiesenblumen.

„Die Welt ist sehr schön", sagte ich, „mein Vater hat recht gehabt. Jetzt will ich dir aber tragen helfen, daß wir zu deinen Leuten kommen."

Ich nahm ihren Korb, und wir gingen weiter, ihr Schritt klang mit meinem Schritt und ihre Fröhlichkeit mit meiner gut zusammen, und der Wald sprach fein und kühl vom Berg herunter; ich war noch nie so vergnügt gewandert. Eine ganze Weile sang ich munter zu, bis ich aufhören mußte vor lauter Fülle; es war allzu vieles, was vom Tal und vom Berg und aus Gras und Laub und Fluß und Gebüschen zusammenrauschte und erzählte.

Da mußte ich denken: wenn ich alle diese tausend Lieder der Welt zugleich verstehen und singen könnte, von Gräsern und Blumen und Menschen und Wolken und allem, vom Laubwald und vom Föhrenwald und auch von allen Tieren, und dazu noch alle Lieder der fernen Meere und Gebirge, und die der Sterne und Monde, und wenn das alles zugleich in mir innen tönen und singen könnte, dann wäre ich der liebe Gott ...

Aber wie ich eben so dachte und davon ganz still und wunderlich wurde, weil mir das früher noch nie in den Sinn gekommen war, da blieb Brigitte stehen und hielt mich an dem Korbhenkel fest.

„Jetzt muß ich da hinauf", sagte sie, „da droben sind unsere Leute im Feld. Und du, wo gehst du hin? Kommst du mit?"

„Nein, mitkommen kann ich nicht. Ich muß in die Welt. Schönen Dank für das Brot, Brigitte, und für den Kuß; ich will an dich denken." Sie nahm ihren Eßkorb, und über dem Korb neigten sich ihre Augen im braunen Schatten noch einmal mir zu, und ihre Lippen hingen an meinen, und ihr Kuß war so gut und lieb, daß ich vor lauter Wohlsein beinah traurig werden wollte. Da rief ich schnell Lebewohl und marschierte eilig die Straße hinunter.

Das Mädchen stieg langsam den Berg hinan, und unter dem herabhängenden Buchenlaub am Waldrand blieb sie stehen und sah herab und mir nach, und als ich ihr winkte und den Hut überm Kopf schwang, da nickte sie noch einmal und verschwand still wie ein Bild in den Buchenschatten hinein.

Ich aber ging ruhig meine Straße und war in Gedanken, bis der Weg um eine Ecke bog.

Da stand eine Mühle, und bei der Mühle lag ein Schiff auf dem Wasser, darin saß ein Mann allein und schien nur auf mich zu warten, denn als ich den Hut zog und zu ihm in das Schiff hinüberstieg, da fing das Schiff sogleich zu fahren an und lief den Fluß hinunter. Ich saß in der Mitte des Schiffs, und der Mann saß hinten am Steuer, und als ich ihn fragte, wohin wir führen, da blickte er auf und sah mich aus verschleierten grauen Augen an.

„Wohin du magst", sagte er mit einer gedämpften Stimme.

„Den Fluß hinunter und ins Meer, oder zu den großen Städten, du hast die Wahl. Es gehört alles mir."

„Es gehört alles dir? Dann bist du der König?"

„Vielleicht", sagte er. „Und du bist ein Dichter, wie mir scheint? Dann singe mir ein Lied zum Fahren!"

Ich nahm mich zusammen, es war mir bange vor dem ernsten grauen Mann, und unser Schiff schwamm so schnell und lautlos den Fluß hinab. Ich sang vom Fluß, der die Schiffe trägt und die Sonne spiegelt und am Felsenufer stärker aufrauscht und freudig seine Wanderung vollendet. Des Mannes Gesicht blieb unbeweglich, und als ich aufhörte, nickte er still wie ein Träumender. Und alsdann begann er zu meinem Erstaunen selber zu singen, und auch er sang vom Fluß und von des Flusses Reise durch die Täler, und sein Lied war schöner und mächtiger als meines, aber es klang alles ganz anders.

Der Fluß, wie er ihn sang, kam als taumelnder Zerstörer von den Bergen herab, finster und wild; knirschend fühlte er sich von den Mühlen gebändigt, von den Brücken überspannt, er haßte jedes Schiff, das er tragen mußte, und in seinen Wellen und langen grünen Wasserpflanzen wiegte er lächelnd die weißen Leiber der Ertrunkenen.

Das alles gefiel mir nicht und war doch so schön und geheimnisvoll vom Klang, daß ich ganz irre wurde und beklommen schwieg. Wenn das richtig war, was dieser alte, feine und kluge Sänger mit seiner gedämpften Stimme sang, dann waren alle meine Lieder nur Torheit und schlechte Knabenspiele gewesen. Dann war die Welt auf ihrem Grund nicht gut und licht wie Gottes Herz, sondern dunkel und leidend, böse und finster, und wenn die Wälder rauschten, so war es nicht aus Lust, sondern aus Qual.

Wir fuhren dahin, und die Schatten wurden lang, und jedesmal, wenn ich zu singen anfing, tönte es weniger hell, und meine Stimme wurde leiser, und jedesmal erwiderte der fremde Sänger mir ein Lied, das die Welt noch rätselhafter und schmerzlicher machte und mich noch befangener und trauriger.

Mir tat die Seele weh, und ich bedauerte, daß ich nicht am Lande und bei den Blumen geblieben war oder bei der schönen Brigitte, und um mich in der wachsenden Dämmerung zu trösten, fing ich mit lauter Stimme wieder an und sang durch den roten Abendschein das Lied von Brigitte und ihren Küssen.

Da begann die Dämmerung, und ich verstummte, und

der Mann am Steuer sang, und auch er sang von der Liebe und Liebeslust, von braunen und von blauen Augen, von roten feuchten Lippen, und es war schön und ergreifend, was er leidvoll über den dunkelnden Fluß sang, aber in seinem Lied war auch die Liebe finster und bang und ein tödliches Geheimnis geworden, an dem die Menschen irr und wund in ihrer Not und Sehnsucht tasteten, und mit dem sie einander quälten und töteten.

Ich hörte zu und wurde so müde und betrübt, als sei ich schon Jahre unterwegs und sei durch lauter Jammer und Elend gereist. Von dem Fremden her fühlte ich immerzu einen leisen, kühlen Strom von Trauer und Seelenangst zu mir herüber und in mein Herz schleichen.

„Also ist denn nicht das Leben das Höchste und Schönste", rief ich endlich bitter, „sondern der Tod. Dann bitte ich dich, du trauriger König, singe mir ein Lied vom Tode!"

Der Mann am Steuer sang nun vom Tode, und er sang schöner, als ich je hatte singen hören. Aber auch der Tod war nicht das Schönste und Höchste, es war auch bei ihm kein Trost. Der Tod war Leben, und das Leben war Tod, und sie waren ineinander verschlungen in einem ewigen rasenden Liebeskampf, und dies war das Letzte und der Sinn der Welt, und von dorther kam ein Schein, der alles Elend noch zu preisen vermochte, und von dorther kam ein Schatten, der alle Lust und alle Schönheit trübte und mit Finsternis umgab. Aber aus der Finsternis brannte die Lust inniger und schöner, und die Liebe glühte tiefer in dieser Nacht.

Ich hörte zu und war ganz still geworden, ich hatte keinen Willen mehr in mir als den des fremden Mannes. Sein Blick ruhte auf mir, still und mit einer gewissen traurigen Güte, und seine grauen Augen waren voll von Weh und von der Schönheit der Welt. Er lächelte mich an, und da faßte ich mir ein Herz und bat in meiner Not: „Ach, laß uns umkehren, du! Mir ist angst hier in der Nacht, und ich möchte zurück und dahin gehen, wo ich Brigitte finden kann, oder heim zu meinem Vater."

Der Mann stand auf und deutete in die Nacht, und seine Laterne schien hell auf sein mageres und festes Gesicht. „Zurück geht kein Weg", sagte er ernst und freundlich, „man muß immer vorwärts gehen, wenn man die Welt ergründen will. Und von dem Mädchen mit den braunen Augen hast du das Beste und Schönste gehabt, und je weiter du von ihr bist, desto besser und schöner wird es werden. Aber fahre du immerhin, wohin du magst, ich will dir meinen Platz am Steuer geben!"

Ich war zum Tode betrübt und sah doch, daß er recht hatte. Voll Heimweh dachte ich an Brigitte und an die Heimat und an alles, was eben noch nahe und licht und mein gewesen war, und was ich nun verloren hatte. Aber jetzt wollte ich den Platz des Fremden nehmen und das Steuer führen. So mußte es sein.

Darum stand ich schweigend auf und ging durch das Schiff zum Steuersitz, und der Mann kam mir schweigend entgegen, und als wir beieinander waren, sah er mir fest ins Gesicht und gab mir seine Laterne.

Aber als ich nun am Steuer saß und die Laterne neben mir stehen hatte, da war ich allein im Schiff, ich erkannte es mit einem tiefen Schauder, der Mann war verschwunden, und doch war ich nicht erschrocken, ich hatte es geahnt. Mir schien, es sei der schöne Wandertag und Brigitte und mein Vater und die Heimat nur ein Traum gewesen, und ich sei alt und betrübt und sei schon immer und immer auf diesem nächtlichen Fluß gefahren.

Ich begriff, daß ich den Mann nicht rufen dürfte, und die Erkenntnis der Wahrheit überlief mich wie ein Frost.

Um zu wissen, was ich schon ahnte, beugte ich mich über das Wasser hinaus und hob die Laterne, und aus dem schwarzen Wasserspiegel sah mir ein scharfes und ernstes Gesicht mit grauen Augen entgegen, ein altes, wissendes Gesicht, und das war ich.

Und da kein Weg zurückführte, fuhr ich auf dem dunklen Wasser weiter durch die Nacht.

Hermann Hesse: Die Märchen

Die Zeit aufheben

Die Welt ist nicht unvollkommen, oder auf einem langsamen Weg zur Vollkommenheit begriffen: nein, sie ist in jedem Augenblick vollkommen, alle Sünde trägt schon die Gnade in sich, alle kleinen Kinder haben schon den Greis in sich, alle Säuglinge den Tod, alle Sterbenden das ewige Leben. Es ist keinem Menschen möglich, vom anderen zu sehen, wie weit er auf seinem Wege sei, im Räuber und Würfelspieler wartet Buddha, im Brahmanen wartet der Räuber. Es gibt in der tiefen Meditation die Möglichkeit, die Zeit aufzuheben, alles gewesene, seiende und sein werdende Leben als gleichzeitig zu sehen, und da ist alles gut, alles vollkommen, alles ist Brahman. Darum scheint mir das, was ist, gut, es scheint mir Tod wie Leben, Sünde wie Heiligkeit, Klugheit wie Torheit, alles muß so sein, alles bedarf nur meiner Zustimmung, nur meiner Willigkeit, meines liebenden Einverständnisses, so ist es für mich gut, kann mir nie schaden. Ich habe an meinem Leibe und an meiner Seele erfahren, daß ich der Sünde sehr bedurfte, ich bedurfte der Wollust, des Strebens nach Gütern, der Eitelkeit und bedurfte der schmählichsten Verzweiflung, um das Widerstreben aufgeben zu lernen, um die Welt lieben zu lernen, um sie nicht mehr mit irgendeiner von mir gewünschten, von mir eingebildeten Welt zu vergleichen, einer von mir ausgedachten Art der Vollkommenheit, sondern sie zu lassen, wie sie ist, und sie zu lieben, und ihr gerne anzugehören.

Hermann Hesse: Ausgewählte Briefe

Die Tiefe deiner Seele

Eines Tages, als Phadrous, der Grieche, im Garten einherging, stieß er mit dem Fuß an einen Stein und geriet in Wut. Er packte den Stein und rief grollend: „Du totes Ding auf meinem Weg!" und warf den Stein fort.

Da sprach Almustafa, der Erwählte und Geliebte: „Was sagst du: ‚Du totes Ding'? So lange warst du nun in diesem Garten und weißt nicht, daß es hier nichts Totes gibt? Alle Dinge leben, und sie leuchten vom Wissen des Tages und von der Erhabenheit der Nacht. Du und der Stein, ihr seid eins. Nur in den Schlägen eurer Herzen gibt es einen Unterschied. Dein Herz schlägt schneller, nicht wahr, mein Freund? Ohne Zweifel aber ist es nicht so ruhig. Der Rhythmus des Steins mag ein anderer sein, doch ich sage dir: Wenn du die Tiefen deiner Seele erkennst und die Höhen des Raumes erklimmst, wirst du nur eine Melodie vernehmen, und in ihr singt der Stein mit dem Stern in vollendetem Gleichklang.

Khalil Gibran: Im Garten des Propheten

Wo Allah nicht ist

Ein Sufi ruhte einmal sehr glücklich und zufrieden; seine Beine waren ausgestreckt, die Arme unter den Kopf gelegt, und er war ganz entspannt. Ein Vorübergehender, ein sehr frommer Mann, sah ihn so und rief aus: „O, ich wußte nicht, daß du eine so unverschämte Person bist!" Der Sufi war ganz überrascht über diesen Vorwurf. „Warum?", fragte er, „warum sagst du, daß ich unverschämt sei? Ich tue nichts, ich ruhe mich hier nur friedlich aus!" – „Du liegst auf eine höchst unverschämte Art, weil deine Füße nach Mekka zeigen!" sagte der fromme Mann. Der Sufi dachte einen Augenblick nach. „Komm bitte hierher, mein Freund", sagte er dann, „nimm meine Beine und drehe sie in jene Richtung, wo Allah nicht ist."

Hazrat Inayat Khan: Wanderer auf dem inneren Pfad

Mister Gott hat uns nicht lieb

Ich habe das noch nicht erklärt. Gab es Probleme in Annas Leben, die nicht leicht zu lösen waren, so gab es nur ein Rezept: ausziehen, ins Bett gehen, nachdenken. So legten wir uns ins Bett. Die Straßenlaterne erleuchtete das Zimmer mit einem Dämmerschein. Sie legte den Kopf in beide Hände, beide Ellbogen bohrten Löcher in meine Brust. Ich wartete. Zehn Minuten verstrichen, bis sie ihre Gedanken geordnet hatte. Dann ging's los.

„Mister Gott hat ganz bestimmt alles selbst gemacht?" Sollte ich sagen, ich weiß es nicht? Ich sagte: „Ja."

„Auch Scheiße und Sterne und Tiere und Leute und Bäume? Auch die Blubblubbs?"

Blubblubbs waren die komischen Winzlinge, die sie unter dem Mikroskop gesehen hatte.

Ich sagte: „Er hat bestimmt alles gemacht."

Sie nickte. „Glaubst du, daß Mister Gott uns wirklich lieb hat?"

„Klar", sagte ich. „Er hat überhaupt alles lieb."

„Warum gehen dann Sachen kaputt oder tot?"

„Keine Ahnung", sagte ich. „Gibt 'nen Haufen Sachen, die wir nicht wissen."

„Na schön. Wenn wir aber so viele Sachen nicht wissen, warum wissen wir denn, daß Mister Gott uns lieb hat?"

Das konnte ja heiter werden. Aber Anna war in Eile. Gott sei Dank, verlangte sie nicht sofort eine Antwort. Sie fuhr fort: „Also die Blubblubbs hab ich ganz furchtbar lieb. Ich könnte platzen, so lieb hab ich sie, aber die Blubblubbs wissen das kein bißchen, daß ich sie so lieb habe, nich? Ich bin millionen- und millionenmal größer als die Blubblubbs, und Mister Gott is millionenmal größer als ich. Warum weiß ich, was er macht? Und warum wissen die Blubblubbs nicht, was ich mach?"

Sie schwieg einen Moment. Nachdenklich. Später schien es mir, als habe sie in diesem Augenblick ihre Kindheit verloren, aber das war wohl bloß ein sentimentaler Gedanke. Sie sagte:

„Fynn. Mister Gott hat uns nicht lieb." Sie zögerte. „Bestimmt nicht, verstehst du? Bloß Leute können liebhaben. Ich hab Bossy lieb, aber Bossy hat mich nicht lieb. Ich lieb die Blubblubbs, aber sie mich nicht. Ich hab dich lieb, Fynn, und du hast mich lieb."

Ich legte den Arm um sie.

Sie sagte: „Du hast mich lieb, weil du Fynn bist, so wie ich Anna. Und ich lieb Mister Gott, aber er mich nicht."

Das war ein Tiefschlag. Verdammter Mist, dachte ich. Warum mußte das passieren. Jetzt hatte sie ihr Vertrauen, ihre Sicherheit verloren. Aber ich täuschte mich. Hier war nichts verloren. Anna wanderte sicher wie eine Nachtwandlerin auf gefährlichem Weg.

Sie sagte: „Er hat mich nicht so lieb wie du, es ist bloß anders, nämlich millionenmal größer."

Offenbar hatte ich mich bewegt. Sie reckte sich, setzte sich auf die Fersen, hockte da und kicherte. Schließlich kroch sie näher zu mir. Wußte sie von jenem winzigen Schmerz, der mich angerührt hatte? Mit der Sicherheit des Chirurgen schnitt sie in die Wunde, die ein nutzloser Funke Eifersucht gebrannt hatte.

Sie sagte: „Fynn, du hast mich lieber als irgendwer sonst, und ich hab dich auch lieber als irgendwer sonst. Aber mit Mister Gott ist das anders. Siehst du, Fynn, Leute lieben von außen rein, und sie können von außen küssen, aber Mister Gott liebt dich innen drin und kann dich von innen küssen, darum isses anders. Mister Gott is nich wie wir. Wir sind bloß ein bißchen wie er. Aber nicht sehr viel.

Fynn: Hallo Mister Gott hier spricht Anna

Der verlorene Sohn

Wenn der verlorene Sohn, nach einer langen Abwesenheit und wie am Ende seiner Neigung zu sich selbst, auf dem Grunde dieser Entbehrnis, die er suchte, an das Antlitz seines Vaters denkt, an das nicht beengte Zimmer, wo seine Mutter sich über sein Bett beugte, an den Garten, getränkt von fließendem Wasser, aber umschlossen, und aus dem zu entweichen er immer begierig war, an den sparsamen älteren Bruder, den er nie geliebt hat, der aber, abwartend, noch den Teil seiner Güter zurückhält, den er im Verschwenden nicht los werden konnte –: So gesteht sich der Sohn, daß er das Glück nicht gefunden hat, ja, daß er nicht einmal imstande war, jene Trunkenheit lange auszudehnen, die er an Glückes Statt suchte. Ah, denkt er, wenn mein Vater, erst so gereizt gegen mich, mich tot geglaubt hat, vielleicht, trotz meiner Sünde, wär er froh, mich wiederzusehn; ah, zurückkehrend zu ihm, ganz unterwürfig, die Stirne gesenkt und Asche darauf, wenn ich, mich beugend vor ihm, sagte: „Mein Vater, ich habe gesündigt wider den Himmel und wider dich", was würde ich tun, wenn er dann, mit der Hand mich aufhebend, antwortete: „Tritt ein in das Haus, mein Sohn?" – Und schon, andächtig, macht der Sohn sich auf. Da die Hügel fort sind, und er endlich Rauch von den Dächern des Hauses sieht, ist es Abend. Aber er erwartet die Schatten der Nacht, daß sie ein wenig sein Elend verschleiern. Er hört in der Ferne die Stimme seines Vaters; seine Knie geben nach. Er fällt und bedeckt mit den Händen sein Gesicht, denn er schämt sich für seine Scham, im Bewußtsein, der rechtmäßige Sohn zu sein, trotzdem. Er hat Hunger; und hat höchstens in einer Falte seines zerschlissenen Mantels eine Handvoll süßer Eicheln, solche, wie sie ihm zur Nahrung wurden, genau wie den Schweinen, die er hütete. Er erkennt die Vorbereitungen zum Abendessen. Er unterscheidet seine Mutter, wie sie heraustritt auf den Vorplatz ... es hält ihn nicht länger, laufend stürzt er den Hügel hinab, tritt in den Hof, angebellt von seinem Hund, der ihn nicht erkennt. Er will zu den Leuten sprechen, die aber ziehn sich mißtrauisch zurück, gehn dem Herrn sagen ...

Kein Zweifel, er hat den verlorenen Sohn erwartet, denn er erkennt ihn sofort. Seine Arme öffnen sich; da kniet sich das Kind vor ihm hin und verbirgt mit dem einen Arm seine Stirn und schreit zu ihm und hebt, auf die Verzeihung zu, die rechte Hand empor:

„Mein Vater! Mein Vater, ich habe mich schwer vergangen gegen den Himmel und gegen dich. Ich bin nicht mehr würdig, daß du mich beim Namen nennest; aber wenigstens, als deiner Knechte einen, den letzten, in einem Winkel unseres Hauses, laß mich leben ..."

Der Vater hebt ihn auf und faßt ihn fest: „Mein Sohn! Mein Sohn! Sei der Tag gesegnet, da du mir wiederkehrst!" Und seine Freude, aus dem Herzen überfließend, weint. Er hebt das Haupt von der Stirn seines Sohns, der geküßten, und wendet sich an die Leute:

„Bringt das schönste Kleid, tut ihm Schuhe an seine Füße und einen kostbaren Ring an seine Finger. Sucht in den Ställen das fetteste Kalb aus und tötet es. Richtet ein Freudenfest, denn der Sohn, den ich totgesagt habe, lebt."

André Gide: Die Rückkehr des verlorenen Sohnes

Mein Freund

Malik, Sohn des Dinar, war sehr aufgebracht über das liederliche Leben eines leichtsinnigen Jünglings, der neben ihm wohnte. Lange Zeit unternahm er nichts, weil er hoffte, jemand anderes würde einschreiten. Aber als sich der junge Mann immer unerträglicher benahm, ging Malik zu ihm und bat ihn, sein Benehmen zu ändern.

Der Jüngling erklärte ihm kühl, er sei ein Protégé des Sultans, und es könne ihn also niemand daran hindern, zu leben wie er wollte.

Sagte Malik: „Ich werde mich persönlich bei dem Sultan beschweren."

Sagte der junge Mann: „Das wird keinen Zweck haben, denn der Sultan wird seine Einstellung mir gegenüber niemals ändern."

„Dann werde ich dich bei dem Schöpfer über uns anzeigen", sagte Malik. „Der Schöpfer oben", entgegnete der junge Mann, „ist viel zu nachsichtig, um mir Vorwürfe zu machen."

Malik war hilflos, also überließ er den jungen Mann sich selbst. Aber kurz darauf wurde dessen Ruf so schlecht, daß sich die Öffentlichkeit empörte. Malik betrachtete es als seine Pflicht, ihm Vorhaltungen zu machen. Als er jedoch auf das Haus zuging, hörte er eine Stimme, die ihm sagte: „Rühre meinen Freund nicht an. Er steht unter meinem Schutz." Malik wurde dadurch so verwirrt, daß er nicht wußte, was er dem Jüngling sagen sollte, als er vor ihm stand.

Sagte der junge Mann: „Warum seid Ihr gekommen?"

Sagte Malik: „Ich kam, dich zu tadeln. Aber auf dem Weg hierher sagte mir eine Stimme, ich solle dich nicht anrühren, denn du stündest unter Seinem Schutz."

Das Gesicht des Frevlers veränderte sich. „Nannte Er mich Seinen Freund?" fragte er. Aber da hatte Malik schon das Haus verlassen. Jahre später traf Malik diesen Mann in Mekka. Die Worte der Stimme hatten ihn so tief berührt, daß er seinen ganzen Besitz aufgegeben hatte und ein wandernder Bettler geworden war. „Ich kam hierher auf der Suche nach meinem Freund", sagte er und starb.

Anthony de Mello: Warum der Vogel singt

Das Schauspiel des Lebens

Wenn wir zum Schauspiel des Lebens kommen, so setzen wir uns in unsrer Torheit mit dem Rücken der Bühne zu. Wir sehen die vergoldeten Pfeiler und Dekorationen, wir beobachten das Kommen und Gehen der Menge, und wenn zum Schluß das Licht ausgelöscht wird, fragen wir uns verwirrt, was denn der Sinn von dem allem ist. Wenn wir unsern Blick auf die innere Bühne richteten, so könnten wir das ewige Liebesdrama der Seele sehen und uns vergewissern, daß es wohl Pausen, aber kein Ende hat, und daß all die großartigen Zurüstungen der Welt wohl ihren Sinn haben und nicht ein glänzender Fiebertraum bloßer Dinge sind.

Rabindranath Tagore: Flüstern der Seele

Atem seines Atems

Almustafa sprach: „Im Schlafe blüht ihr auf, und ihr lebt euer reicheres Leben, während ihr träumt. Denn all eure Tage verbringt ihr, um dafür zu danken, was ihr in der Stille der Nacht empfangen.

Oft denkt und sprecht ihr von der Nacht als der Zeit der Ruhe, doch in Wahrheit ist die Nacht die Zeit der Suche und des Findens.

Der Tag gibt euch die Kraft des Wissens, und er lehrt eure Hände die Kunst des Empfangens; aber es ist die Nacht, die euch zur Schatzkammer des Lebens führt.

Die Sonne lehrt alle Dinge, nach dem Licht zu streben; doch ist es die Nacht, die alles zu den Sternen hebt.

Es ist die Stille der Nacht, die einen Hochzeitsschleier über die Bäume und den Wald webt und über die Blumen des Gartens; dann ist der Tisch reich gedeckt und das Hochzeitsgemach bereit; und in dieser heiligen Stille wird der Morgen empfangen im Schoße der Zeit.

So verhält es sich, und wenn ihr euch auf die Suche begebt, werdet ihr Nahrung und Erfüllung finden. Selbst wenn euer Erwachen am Morgen die Erinnerung auslöscht, ist die Tafel der Träume immer gedeckt und das Hochzeitsgemach bereitet."

Er schwieg einen Augenblick, und seine Zuhörer erwarteten sein Wort. Dann erhob er seine Stimme und sprach: „Ihr seid Geist, obwohl ihr euch in Körpern bewegt; und wie Öl in der Dunkelheit brennt, seid ihr Flammen in einer Lampe. Wäret ihr nur Körper, würde mein Dasein und Sprechen nichtig sein, als ob der Tote den Toten riefe. Doch ist es nicht so. Alles, was unsterblich ist in euch, ist frei bei Tag und bei Nacht und kann nach dem Willen des Allerhöchsten nicht eingeschlossen und gefangen sein. Ihr seid Sein Atem, welcher wie der Wind weder gefaßt noch gefangen werden kann. Und auch ich bin Atem Seines Atems.

Khalil Gibran: Im Garten des Propheten

Jenseits des Todes

Ich gehe, doch wenn ich mit einer ungesagten Wahrheit gehe, wird mich diese wieder suchen und mich finden, wenn auch die Teile meines Seins in der Stille der Ewigkeit verstreut sind. Und ich werde wieder zu dir kommen, um mit einer neugeborenen Stimme zu sprechen aus dem Herzen dieser grenzenlosen Stille.

Und wenn es etwas Schönes gibt, das ich dir nicht gezeigt, dann werde ich einst wieder gerufen, sogar bei meinem eigenen Namen; und ich werde dir ein Zeichen geben, damit du weißt, daß ich zurückgekommen bin, um von all dem zu sprechen, das noch nicht verkündet ist; denn Gott wird es nicht ertragen, daß Er vom Menschen verborgen wird und daß Sein Wort begraben liegt im Abgrund des menschlichen Herzens.

Ich werde jenseits des Todes leben und ich
werde in euren Ohren singen,
Auch wenn die ungemessene Woge der See
mich zurückträgt zur unermeßlichen Tiefe
des Meeres.
Ich werde an eurer Tafel sitzen, doch ohne
einen Körper,
Und ich werde mit euch auf die Felder gehen

als unsichtbarer Geist.
Ich werde zu euren Feuerstellen kommen als
ungeseh'ner Gast.
Der Tod verändert nichts außer den Masken,
die unsere Gesichter bedecken.
Der Holzfäller wird auch dann ein Holzfäller
sein,
Der Bauer ein Bauer,
Und der, der sein Lied dem Wind gesungen,
wird es auch den Sphären singen."

Khalil Gibran: Im Garten des Propheten

Der Mönch und das Vögelchen

Es war in einem Kloster ein junger Mönch, des Namens
Urbanus, gar fromm und fleißig, dem war der Schlüssel zur
Bücherei des Klosters anvertraut, und er hütete sorglich
diesen Schatz, schrieb selbst manches schöne Buch und
studierte viel in den anderen Büchern und in der heiligen
Schrift. Da fand er auch einen Spruch des Apostels Petrus,
der lautete: *Vor Gott sind tausend Jahre wie ein Tag und
wie eine Nachtwache.* Das dünkte dem jungen Mönche
schier unmöglich, mocht und konnte es nicht glauben,
und quälte sich darob mit schweren Zweifeln. Da geschah
es eines Morgens, daß der Mönch herunter ging aus dem
dumpfen Bücherzimmer in den hellen schönen Klostergarten, da saß ein kleines buntes Waldvögelein im Garten, das
suchte Körnlein, flog auf einen Ast und sang schön wie
eine Nachtigall. Es war auch dieses Vögelein gar nicht
scheu, sondern ließ den Mönch nahe an sich heran kommen, und er hätte es gern gehascht, doch entfloh es, von einem Ast zum andern, und der Mönche folgte ihm eine gute
Weile nach, dann sang es wieder mit lauter und heller
Stimme, aber es ließ sich nicht fangen, obschon der junge
Mönche das Vögelein aus dem Klostergarten heraus in den
Wald noch eine gute Weile verfolgte. Endlich ließ er ab,

und kehrte zurück nach dem Kloster, aber ein anderes dünkte ihm alles, was er sah. Alles war weiter, größer und schöner geworden, die Gebäude, der Garten, und statt des niedern alten Klosterkirchleins stand jetzt ein stolzes Münster da, mit drei Türmen. Das dünkte dem Mönch sehr seltsam, ja zauberhaft. Und als er an das Klostertor kam und mit Zagen die Schelle zog, da trat ihm ein gänzlich unbekannter Pförtner entgegen, der wich bestürzt zurück vor ihm. Nun wandelte der Mönche über den Klosterkirchhof, auf dem waren so viele Denksteine, die er gesehen zu haben sich nicht erinnern konnte. Und als er nun zu den Brüdern trat, wichen sie alle vor ihm aus, ganz entsetzt. Nur der Abt, aber nicht *sein* Abt, sondern ein anderer, junger, hielt ihm Stand, streckte ihm aber auch gleich ein Kruzifix entgegen und rief: „Im Namen des Gekreuzigten; Gespenst, wer bist du? Und was suchst du, der den Höhlen der Toten entflohen, bei uns, den Lebenden?"

Da schauerte der Mönch zusammen, und wankte wie ein Greis wankt, und senkte den Blick zur Erden. Siehe, da hatte er einen langen silberweißen Bart bis über den Gürtel herab, an dem noch der Schlüsselbund hing zu den vergitterten Bücherschreinen. Den Mönchen dünkte der Mann ein wunderbarer Fremdling, und sie leiteten ihn mit scheuer Ehrfurcht zum Sessel des Abtes. Dort gab er einem jungen Mönch die Schlüssel zu dem Büchersaal, der schloß auf, und brachte ein Chronikbuch getragen, darin stand zu lesen, daß vor dreihundert Jahren der Mönche Urban spurlos verschwunden, niemand wisse, ob entflohen oder verunglückt. „O Waldvögelein, war das dein Lied?" fragte der Fremdling mit einem Seufzer. „Kaum drei Minuten lang folgte ich dir und horchte deinem Gesang, und drei Jahrhunderte vergingen seitdem! Du hast mir das Lied von der Ewigkeit gesungen, die ich nicht fassen konnte! Nun fasse ich sie und bete Gott an im Staube, selbst ein Staub!" Sprach's und neigte sein Haupt, und sein Leib zerfiel in ein Häuflein Asche.

Bechsteins Märchen

Quellennachweis

Ausländer, Rose: Im Aschenregen die Spur deines Namens. Gedichte und Prosa. © S. Fischer Verlag. Frankfurt/Main 1976. Text von Seite: 41

Bechstein, Ludwig: Bechsteins Märchen. Dressler Verlag. Hamburg 1994. Text von Seite: 62, 180

Benn, Gottfried: Sämtliche Werke, in Verb. m. Ilse Benn, hrsg. v. Gerhard Schuster, Band 1. Klett-Cotta. Stuttgart (3. Aufl.) 1990. Text von Seite: 35

Flammer, Ernesto. In: Beutel H./Tausch D.: Sterben – eine Zeit des Lebens. Quell Verlag. Stuttgart 1989. Text von Seite: 80

Frankl, Viktor E.: Trotzdem Ja zum Leben sagen. Kösel Verlag. München (7. Aufl.) 1995. Text von Seite: 104

Fynn: Hallo Mister Gott, hier spricht Anna. © alle deutschsprachigen Rechte Scherz Verlag. München 1975. Text von Seite: 173

Gebser, Jean: Jean-Gebser-Brevier. Novalis Verlag. Schaffhausen, Seite 61. Text von Seite: 97

Gibran, Khalil: Das große Khalil Gibran Lesebuch. Zürich 1983. © Walter Verlag. Text von Seite: 118

Gibran, Khalil: Eine Träne und ein Lächeln. © Walter Verlag. Olten 1992. Text von Seite: 47, 74, 105, 131

Gibran, Khalil: Im Garten des Propheten. Goldmann Verlag. München 1986. Text von Seite: 171, 178, 179

Gide, André: Die Rückkehr des verlorenen Sohnes. © Suhrkamp Verlag. Leipzig 1994. Text von Seite: 175

Giono, Jean: Der Mann mit den Bäumen. Theologischer Verlag. Zürich 12. Aufl. 1996. Text von Seite: 65

Hesse, Hermann
  – aus: Am Ende des Jahres (1904), Text von Seite: 23
  – aus: Taedium vitae (1908), Text von Seite: 14, 124
  – aus: Im Garten (1908), Text von Seite: 76
  – aus: Umzug (1912), Text von Seite: 33
  – aus: Brief ins Feld (1915), Text von Seite: 23
  – aus: Knulp (1915), Text von Seite: 24
  – aus: Bäume (1918), Text von Seite: 34
  – aus: Iris (1918), Text von Seite: 157

– aus: Martins Tagebuch (1918), Text von Seite: 60
– aus: Klein und Wagner (1919), Text von Seite: 106
– aus: Das Haus der Träume (1920), Text von Seite: 129
– aus: Tagebuch 1920/21, Text von Seite: 122
– aus: Sommers Ende (1926), Text von Seite: 36
– aus: Zwischen Sommer und Herbst (1930), Text von Seite: 37
– aus: Narziß und Goldmund (1930), Text von Seite: 42
– aus: Erinnerung an Hans (1936), Text von Seite: 15
– aus: Aprilbrief (1952), Text von Seite: 71
– aus: Über das Alter (1952) (Werkausgabe), Text von Seite: 121
– aus: Ausgewählte Briefe (1974), Text von Seite: 171
– aus: Die Legenden, Text von Seite: 53
– aus: Schön ist die Jugend, Text von Seite: 17
– aus: Die Gedichte, Text von Seite: 77, 119
– aus: Die Märchen, Text von Seite: 98, 148, 163
© für sämtliche Werke von Hermann Hesse liegen beim Suhrkamp Verlag. Frankfurt/Main
Hillringhaus, Herbert F. (Hg.): Brücke über dem Strom. Mitteilungen aus dem Leben nach dem Tod. Novalis Verlag. Schaffhausen 1985. Text von Seite: 160
Hölderlin, Friedrich: Sämtliche Werke. Band 1. Carl Hauser Verlag. München 1970. Text von Seite: 117
Hölderlin, Friedrich: Werke. Rainer Wunderlich Verlag. Tübingen o.J. Text von Seite: 71
Huch, Ricarda: Erinnerungen an das eigene Leben. Kiepenheuer/Witsch Verlag. Köln 1980. Text von Seite: 20
Inayat Kahn, Hazrat: Vom Glück der Harmonie. © Heilbronn Verlag. Oberwil 1995. Text von Seite: 28
Inayat Kahn, Hazrat: Wanderer auf dem inneren Pfad. © Heilbronn Verlag. Oberwil 1986. Text von Seite: 127, 172
Janosch: Das große Janosch-Buch. Geschichten und Bilder. Beltz & Gelberg Verlag. Weinheim (19. Aufl.) 1996. Text von Seite: 57
Kaiser, Rudolf: Indianischer Sonnengesang. Herder Verlag. Freiburg (3.Aufl.) 1994. Text von Seite: 18, 22, 125, 128, 129
Kaschnitz, Marie-Luise: Das dicke Kind und andere Erzählungen. © Scherze Verlag. Krefeld 1952. Text von Seite: 90
Klopstock, Meta. In: H. Tiemann (Hg.): Briefwechsel mit Klopstock, ihren Verwandten und Freunden. Maximilian Gesellschaft. Hamburg 1956. Text von Seite: 39

Kübler-Ross, Elisabeth: Wie winzige Samen; aus: Kinder und Tod. Kreuz Verlag. Stuttgart 1984. Text von Seite: 14

Kyber, Manfred: Genius Astri. Drei Eichen Verlag. Hammelburg, 7. Aufl. 1996. Text von Seite: 133

Kyber, Manfred: Manfred-Kyber-Buch. Gesammelte Tiergeschichten. © Rowohlt Verlag. Reinbek bei Hamburg 1972. Text von Seite: 144

Lagerlöf, Selma: Die schönsten Legenden. © Nymphenburger Verlag i. d. F. A. Herbig Verlagsbuchhandlung. München 1996. Text von Seite: 18, 63

Laotse. In: Lin Yutang (Hg.) © S. Fischer Verlag. Frankfurt/Main 1957. Text von Seite: 53

Laotse: Tao Te King. Scherz Verlag. Bern 1967. Text von Seite: 49

Le Fort, Gertrud von: Nun löst mir Kleid und Schuhe. Gedichte und Aphorismen. Ehrenwirth Verlag. München 1984, Seite 96. Text von Seite: 133

Lindberg, Anne Morrow: Muscheln in meiner Hand. © Piper Verlag. München 1955, 1990. Text von Seite: 119

Manfroid, Ulla: In uns ist eine Kraft, aus: Vom Werden und Wachsen einer Perle. © bei der Autorin. Text von Seite: 50

Mello, Anthony de: Warum der Schäfer jedes Wetter liebt. Herder Verlag. Freiburg 1992. Text von Seite: 56

Mello, Anthony de: Warum der Vogel singt. Herder Verlag. Freiburg 1984. Text von Seite: 32, 176

Miller, Henry: Das Lächeln am Fuße der Leiter. © Rowohlt Verlag. Reinbek 1985. Text von Seite: 64

Nischapur, Attar von: Gelassen werden. Herder Verlag. Freiburg 1996. Text von Seite: 163

Nossack, Hans Erich: Gedichte. Krüger Verlag. Hamburg 1947. Text von Seite: 45

Novalis: Nach innen geht der geheimnisvolle Weg. In: Werke. Hoffmann /Kampe Verlag. Hamburg 1959, Seite 327. Text von Seite: 136

Pera, Heinrich: Sterbende verstehen. Ein praktischer Leitfaden zur Sterbebegleitung. Herder Verlag. Freiburg 1995. Text von Seite: 59

Ramakrishna: Leben und Gleichnis. Buchclub Ex Libris. Zürich 1975. Text von Seite: 162

Reps, Paul: Ohne Worte – ohne Schweigen. © Scherz Verlag (alle deutschsprachigen Rechte), für den O. W. Barth Verlag. Text von Seite: 88

Rilke, Rainer Maria: Geschichten vom lieben Gott. Insel Verlag. Frankfurt/Main 1973. Text von Seite: 88

Rilke, Rainer Maria: Jahreszeiten. Insel Verlag. Frankfurt/Main 1994. Text von Seite: 15

Rilke, Rainer Maria: Lektüre für Minuten. Insel Tb Verlag. Frankfurt/Main 1996. Text von Seite: 120

Rinser, Luise: Ein Bündel weißer Narzissen. © S. Fischer Verlag. Frankfurt/Main 1956. Text von Seite: 136

Rinser, Luise: Geh fort, wenn du kannst. © S. Fischer Verlag. Frankfurt/Main 1959. Text von Seite: 84

Rinser, Luise: Wir Heimatlosen. 1989–1992. © S. Fischer Verlag. Frankfurt/Main 1992. Text von Seite: 73

Saint-Exupéry, Antoine de: Der kleine Prinz. © Karl Rauch Verlag. Düsseldorf 1950 und 1998. Text von Seite: 37, 43, 68

Satir, Virginia: Selbstwert und Kommunikation. Pfeiffer Verlag. München, 13. Aufl. 1998. Text von Seite: 28

Shah, Idries: Das Geheimnis der Derwische. Herder Verlag. Freiburg 1982. Text von Seite: 74

Schweitzer, Albert: Die Ehrfurcht vor dem Leben. Verlag C. H. Beck. München 1988. Text von Seite: 20

Seidel, Ina: Gedichte. Festausgabe. © Deutsche Verlagsanstalt. Stuttgart 1955. Text von Seite: 123, 126

Stifter, Adalbert: Meistererzählungen. Abdias. Diogenes Verlag. Zürich 1988. Text von Seite: 55

Tagore, Rabindranath: Flüstern der Seele. © Hyperion Verlag. Freiburg 1952. Text von Seite: 177

Tagore, Rabindranath: Gitanjali. © Hyperion Verlag. Freiburg 1958. Text von Seite: 113, 130, 131, 132

Young, Barbara: Khalil Gibran. Die Biographie. © Aquamarin Verlag. Grafing 1992. Text von Seite: 154

Zweig, Stefan: Rahel rechtet mit Gott. © S. Fischer Verlag. Frankfurt/Main 1990. Text von Seite: 83, 85

Anmerkung des Verlages:

Wir danken den Verlagen und Rechtinhabern für die Erteilung der Abdruckgenehmigungen. Bei einigen Texten war er trotz gründlicher Recherchen nicht möglich, die Inhaber der Rechte ausfindig zu machen.

Sterbende begleiten – Trauer bewältigen

Daniela Tausch-Flammer / Lis Bickel
In meinem Herzen die Trauer
Texte für schwere Stunden
Ein Begleitbuch
ISBN 3-451-26540-0

Daniela Tausch-Flammer / Lis Bickel
Wenn ein Mensch gestorben ist – wie gehen wir mit dem Toten um?
Anregungen und Hilfen
224 Seiten, Klappenbroschur
ISBN 3-451-23693-1

Daniela Tausch-Flammer / Lis Bickel (Hrsg.)
Spiritualität der Sterbebegleitung
Wege und Erfahrungen
160 Seiten, Klappenbroschur
ISBN 3-451-26280-0

Michael Kearney
Schritte in ein ungewisses Land
Seelischer Schmerz, Tod und Heilung – Geschichten und Erfahrungen
Vorwort von Cicely Saunders
192 Seiten, Klappenbroschur
ISBN 3-451-26293-2

Juliet Cassuto Rothman
Wenn ein Kind gestorben ist
Trauerbegleiter für verwaiste Eltern
192 Seiten, Klappenbroschur
ISBN 3-451-26610-5

HERDER